古典文獻研究輯刊

三九編

潘美月・杜潔祥 主編

第23冊

莊有可《禮記集說》點校（下）

薛超睿、徐清　整理

國家圖書館出版品預行編目資料

莊有可《禮記集說》點校（下）／薛超睿、徐清 整理 -- 初
版 -- 新北市：花木蘭文化事業有限公司，2024〔民 113〕
目 2+172 面；19×26 公分
（古典文獻研究輯刊 三九編；第 23 冊）
ISBN 978-626-344-943-5（精裝）
1.CST：（清）莊有可 2.CST：禮記集說 3.CST：注釋
011.08   113009815

ISBN-978-626-344-943-5

9 786263 449435

古典文獻研究輯刊
三九編　第二三冊　　　　　　　ISBN：978-626-344-943-5

莊有可《禮記集說》點校（下）

作　　者　薛超睿、徐清（整理）
主　　編　潘美月、杜潔祥
總 編 輯　杜潔祥
副總編輯　楊嘉樂
編輯主任　許郁翎
編　　輯　潘玟靜、蔡正宣　美術編輯　陳逸婷
出　　版　花木蘭文化事業有限公司
發 行 人　高小娟
聯絡地址　235 新北市中和區中安街七二號十三樓
　　　　　電話：02-2923-1455／傳真：02-2923-1452
網　　址　http://www.huamulan.tw 信箱 service@huamulans.com
印　　刷　普羅文化出版廣告事業
初　　版　2024 年 9 月
定　　價　三九編 65 冊（精裝）新台幣 175,000 元

莊有可《禮記集說》點校（下）

薛超睿、徐清 著

目次

禮記卷二十二 喪大記

所記皆喪事之大者。

疾病，外內皆掃。君大夫徹縣，士去琴瑟。寢東首於北牖下。廢床。徹褻衣，加新衣，體一人。男女改服。屬纊以俟絕氣。男子不死於婦人之手，婦人不死於男子之手。

疾困曰病，外內皆掃，致肅潔以慎終也。去樂以疾病，將有大變，非無故也。東首，受生氣也。禮，病者恒居北墉下。廢，去也。人始生，在地去床，庶其生氣反也。徹褻加新，所以正終。體，四體也。每體一人持之，以病者不能安坐也。禮，死必端拱危坐，乃為正終。改服者，有疾則養者皆先沐浴齋戒，至是易朝服也。纊新綿，置病者口鼻上，以為候也。俟當作候，傳寫誤耳。男女不相褻，亦以慎終也。

君夫人卒於路寢，大夫世婦卒於適寢，內子未命，則死於下室。遷尸於寢，士士之妻皆死於寢。

適寢，正寢也。下室，燕處也。寢亦正寢也。君有君之路寢，夫人有夫人之路寢，大夫世婦以下亦各有其寢，所謂男子不死於婦人之手，婦人不死於男子之手也。

復，有林麓，則虞人設階；無林麓，則狄人設階。小臣復，復者朝服。君以卷，夫人以屈狄；大夫以玄赬，世婦以襢衣；士以爵弁，士妻以稅衣。皆升自東榮，中屋履危，北面三號，卷衣投於前，司命受之，降自西北榮。其為賓，則公館復，私館不復；其在野，則升其乘車之左轂而復。

階，所乘以升屋者。狄同翟，樂吏之賤者，無林麓則無虞人矣。小臣，近臣常待者。朝服而該，見君必朝服也。復，用死者禮服之上服，以其求於神也。卷同衰，侯伯加命亦有之。玄赬，玄衣赤裳，即玄冕服也。屈狄，侯伯夫人之禮服。禮同展，稅衣即褖衣也，亦皆禮服。榮，屋翼也。帷，天子四阿，諸侯以下皆南北二注，為直頭也。危，棟上也，即屋極至高之處，北面求鬼神於陰之義也。三號，一在上，一在下，一在中，冀神之來也。卷衣，卷既復之衣。前，堂前也，司服以篋待而受之。降自西北榮，初復是求生，故自東榮而上。求既不得，不忍虛從所求之道還，故就幽陰而下，因取西北扉為便也。私館不復，館有主人，非客所得專，故從略也。餘詳雜記。

復衣不以衣尸，不以斂。婦人復，不以祄。凡復，男子稱名，婦人稱字。唯哭先復，復而後行死事。

不以衣尸，不以襲也，復冀其生也。若以其衣襲斂，是用生施死，非其義矣。與士喪禮以衣衣尸異者，初復時以衣尸，猶冀其生也，浴則去之矣。祄，亦褖衣也。祭之緣者謂之稅，嫁之緣者謂之祄。復求諸神，故不可以祄也。婦人稱字，不以名行也。氣絕則哭，哭而復，復而不蘇，可以為死事矣。

始卒，主人啼，兄弟哭，婦人哭踊。

悲哀有深淺，故不同。啼，如嬰兒失母也；踊，統主人兄弟言。

既正尸，子坐於東方，卿大夫父兄子姓立於東方，有司庶士哭於堂下北面；夫人坐於西方，內命婦姑姊妹子姓立於西方，外命婦率外宗哭於堂上北面。

正尸，謂遷尸牖下南首也。男東女西，陰陽之大分也。喪遽哀迫，人雜事叢，先辨男女而各以類從，則諸事因之有倫矣。姓，生也。坐者，喪主也。內命婦，嬪婦之屬。子姓在東方者，男子孫也；在西方者，女子孫也。外命婦，卿大夫及義兄妻也。外宗，姑姊妹之女也。

大夫之喪，主人坐於東方，主婦坐於西方，其有命夫命婦則坐，無則皆立。

此周人貴貴之制，自大夫始也。

士之喪，主人父兄子姓皆坐於東方，主婦姑姊妹子姓皆坐於西方。

士賤，故同宗尊卑皆坐。

凡哭尸於室者，主人二手承衾而哭。

凡哭尸於室者，謂來弔而哭者也。此皆至戚，故主人以哭答之。衾，所以覆尸。

君之喪，未小斂，為寄公國賓出；大夫之喪，未小斂，為君命出；士之喪，於大夫不當斂則出。

父母始死悲哀，非所尊不出也；出者，或至庭、或至門。國賓，聘使也。不當斂，非斂時也，但云「斂」、不云「襲」者，未襲之前；帷為君命出，餘皆不出也。

凡主人之出也，徒跣扱衽拊心，降自西階。

自西階，尸猶在室，不忍當主位也。親始死，喪冠屨未成，又不可著吉冠屨，故自毀如罪人。

君拜寄公國賓於位；大夫於君命，迎於寢門外，使者升堂致命，主人拜於下；士於大夫親弔則與之哭，不逆於門外。

拜於位者於庭，向其位而拜之。此時寄公位於門西，國賓位於門東，皆北面。小斂之後，寄公東面，國賓門西，北面也。親弔，大夫身親來弔也，立於西階下，東面。士之弔者皆北面，主人則降自西階，下，南面拜之。拜訖，與大夫俱哭。若大夫特來，則大夫亦北面。

夫人為寄公夫人出，命婦為夫人之命出，士妻不當斂，則為命婦出。

出，拜之於堂上也。此特寄公夫人、命婦位在堂上北面，小斂之後則在尸西東面。婦人尊卑與夫同，故所為出亦同。

小斂，主人即位於戶內，主婦東面，乃斂。卒斂，主人馮之踊，主婦亦如之。主人袒說髦，括髮以麻，婦人髽，帶麻於房中。

戶內，戶內西面也。士既殯，說髦。此云小斂，蓋諸侯禮。士之既殯，諸侯之小斂，於死者俱三日也。餘詳《小記》及《檀弓》。

徹帷，男女奉尸夷於堂，降拜。

初死，尸未飾，恐人惡之，故有帷。至小斂而尸形已藏，可除帷也。夷，陳也。主人、主婦以下親奉之，孝敬之心也。降拜，拜賓也。

君拜寄公國賓，大夫士拜卿大夫於位，於士旁三拜；夫人亦拜寄公夫人於堂上，大夫內子士妻特拜，命婦泛拜眾賓於堂上。

此承上降拜，言出嗣君下堂拜寄公、國賓，並就其位向而拜之。大夫、士拜卿、大夫，則亦就其位拜之。士賤，不人人拜之，但一面三揖，士有三等故

也。大夫、內子、士妻拜於堂上，婦人不下堂也。眾賓，士妻也。

主人即位，襲帶絰踊——母之喪，即位而免，乃奠。弔者襲裘，加武帶絰，與主人拾踊。

即位，即阼階下之位也。主人拜賓時袒，拜訖，襲衣加要帶首絰於序東，復位乃踊也。士喪禮先踊乃襲絰，此先襲絰乃踊者，士卑，此據諸侯尊禮相變也。然為父喪，是時猶括髮，若為母喪，至拜賓竟即位時，不復括髮，以免代之，免以襲絰，至大斂乃成服，所以異於父也。奠，小斂奠也。拜賓襲絰，踊竟，乃設小斂奠也。弔者襲裘加武帶絰者，始死，弔者朝服裼裘如吉時，小斂訖，則改襲而加冠於武，且加帶於要，加絰首矣。拾，更也。與主人拾踊，主人先踊，婦人踊，弔者乃踊。三者，三也。檀弓主人既小斂，子游出，襲裘帶絰而入是也。

君喪，虞人出木角，狄人出壺，雍人出鼎，司馬縣之，乃官代哭，大夫官代哭不縣壺，士代哭不以官。

木以給爨，甒角以為斟水，斗壺以漏水，鼎以爨水也。冬月水凍則漏遲，故以火爨鼎水而後沃之，出各以所有供也。代，更也。未殯，哭不絕聲，為其罷倦，故分時而代哭也。必哭不絕聲者，喪無二事，以哀為主，且使不及者，以故興物也。士不以官，自以親疏代哭也。

君堂上二燭、下二燭，大夫堂上一燭、下二燭，士堂上一燭、下一燭。

燭以照饌，有喪則中度，終夜設燎，至曉滅燎，而日未明，故設燭也。

賓出徹帷。哭尸於堂上，主人在東方，由外來者在西方，諸婦南鄉。

賓出後，乃除帷，君、大夫之禮舒也。士卒斂，即徹帷，由外來，謂奔喪者。奔喪在西方，所以別在家者也。無奔喪者，則婦人東面。

婦人迎客送客不下堂，下堂不哭；男子出寢門見人不哭。

婦人所有事，自房及堂；男子所有事，自堂及門。非其事處而哭，猶野哭也。出門見人，謂迎賓也。婦人有夫人命，乃下堂；男子有君命，乃出門。

其無女主，則男主拜女賓於寢門內；其無男主，則女主拜男賓於阼階下。子幼，則以衰抱之，人為之拜；為後者不在，則有爵者辭，無爵者人為之拜。在竟內則俟之，在竟外則殯葬可也。喪有無後，無無主。

此謂無主而人代攝者也。凡拜，皆拜賓於位也。為後者有爵，而攝主無爵，則辭於賓云：己無爵，不敢拜賓也。然後者無爵，則攝主人為之拜矣。殯

葬可也者，殯與葬皆有期日，不能久待也。無主則對賓有闕，故四鄰里尹猶為主也。

君之喪：三日，子、夫人杖，五日既殯，授大夫世婦杖。子、大夫寢門之外杖，寢門之內輯之；夫人世婦在其次則杖，即位則使人執之。子有王命則去杖，國君之命則輯杖，聽卜有事於尸則去杖。大夫於君所則輯杖，於大夫所則杖。

三日，死後三日也。為君杖，不同日。人君禮大，可以見親疏也。輯，斂也，謂舉之不以掛地。夫人、世婦次於房中，即位則在堂上。堂上近尸，殯不敢杖，故使人執也。國君之命，謂鄰國使人來弔也。子輯杖，下成君也。卜，卜葬、卜日也。凡喪、祭、虞而有尸。大夫於君所輯杖，謂與之俱即寢門外位也，獨焉則杖矣。君即子也。大夫於大夫所俱為君杖，不相下也。

大夫之喪：三日之朝既殯，主人主婦室老皆杖。大夫有君命則去杖，大夫之命則輯杖；內子為夫人之命去杖，為世婦之命授人杖。

大夫有君命去杖，此指大夫之子也；而云大夫者，通實大夫有父母之喪者也；授人杖，與使人執之同。

士之喪：二日而殯，三日而朝，主人杖，婦人皆杖。於君命夫人之命如大夫，於大夫世婦之命如大夫。

士之禮，死與往日，則此二日，於死者亦得三日也。皆杖者，不專主婦容，妾為君及女子子在室者也。首如大夫，如其去杖也；次如大夫，如其輯杖授人杖也。

子皆杖，不以即位。大夫士哭殯則杖，哭柩則輯杖。棄杖者，斷而棄之於隱者。

子，凡庶子也。不以即位，與去杖同。哭殯，謂既塗也。哭柩，謂啟後出。大夫士之子於父尊近，哭殯可以杖。天子諸侯之子於父則君也，尊遠，故杖不入廟門。大祥斷杖，棄於幽隱之處，為喪至尊所用，不可穢褻也。子上當增庶字，大夫士下當增之子二字，文義才是。

君設大盤造冰焉，大夫設夷盤造冰焉，士並瓦盤無冰。

禮，天子夷盤，諸侯大盤，大夫亦名夷盤，卑不嫌也。其制，漢時廣八尺，長丈二尺，深三尺，赤中，蓋猶周之遺制也。餘未聞。士以瓦為盤，並以盛水，不一盤也。大夫以上，蓋皆以木為之。士喪禮君賜冰，亦用夷盤，當與

大夫同。尸不可以不寒，故將氣絕時，即不可不設造以俟，造猶內也。

設床襢第，有枕。含一床，襲一床遷尸於堂又一床，皆有枕席，君大夫士一也。

襢第，袒簀也。將浴故無席，為漏水也。含時徹枕，含竟並有枕，且皆有席，明非襢第也。

始死，遷尸於床，幠用斂衾，去死衣，小臣楔齒用角柶，綴足用燕几，君大夫士一也。

幠，覆也。死衣，病時所加新衣及覆衣也，去之以俟沐浴。楔，柱也。柶以角為之，長六寸，兩頭曲屈。將舍，恐口閉急，故使小臣以柶拄尸齒，令張也。尸未著屨，恐足辟戾，亦使小臣側幾於足，令幾腳南出，綴拘尸足兩邊，使直也。

管人汲，不說繘、屈之，盡階不升堂，授御者；御者入浴：小臣四人抗衾，御者二人浴，浴水用盆，沃水用枓，浴用絺巾，挋用浴衣，如它日；小臣爪足，浴餘水棄於坎。其母之喪，則內御者抗衾而浴。

管人，主管庫者。井竈亦其所司，故使之汲水焉。繘，瓶綆也。抗，舉也。四人立四隅，持衾四角，為上覆也。沃，澆也。挋，拭也。浴衣，生時浴衣也。爪足，剪足爪甲也。

管人汲，授御者，御者差沐於堂上——君沐粱，大夫沐稷，士沐粱。甸人為垼於西牆下，陶人出重鬲，管人受沐，乃煮之，甸人取所徹廟之西北厞薪，用爨之。管人授御者沐，乃沐；沐用瓦盤，挋用巾，如它日，小臣爪手翦須，濡濯棄於坎。

差，淅也。淅，飯米，取其潘以為沐也。甸人，主耕耤者。垼，陶竈窓也。陶，人作瓦器者。重，以木為之，見檀弓。鬲，䍪也。重鬲者，懸鬲於重，以沐米為粥，實於鬲，以疏布冪口，像以簀，覆以葦席也。廟即殯宮。厞，蓋捆外西北簷下，蔽風雨者，以板為之，如牆爪。手，剪手爪也。翦須，治須也。濡，煩撋其髮也。濯，沐下不淨之汁也。上節言浴，此節言沐，先浴後沐，實重首也。士喪禮沐稻與此異，稻粱或各以所有也。

君之喪，子、大夫、公子、眾士皆三日不食。子、大夫、公子食粥，納財，朝一溢米，莫一溢米，食之無算；士蔬食水飲，食之無算；夫人世婦諸妻皆蔬食水飲，食之無算。

眾士，士之為近臣者。財，食穀也。二十兩曰溢。於粟米之法，一溢之米，共一升又二十四分升之一。諸妻，御妻也。居喪困病，不能頓食，隨頻則食，故云無算。然其限制，則朝止一溢，暮亦一溢耳。

大夫之喪，主人室老子姓皆食粥；眾士蔬食水飲；妻妾蔬食水飲。士亦如之。

子姓，孫也，不云眾子，主人中兼之。

既葬，主人蔬食水飲，不食菜果；婦人亦如之。君大夫士一也。練而食菜果，祥而食肉。

言婦人亦如之者，初喪既蔬食水飲，疑既葬復有變也。

食粥於盛不盥，食於篹者盥。食菜以醯醬，始食肉者先食乾肉，始飲酒者先飲醴酒。

盛若杯、杅。篹，竹筥也。啜粥不用手，故不盥；飯須以手就篹取之，故盥也。聞傳大祥有醯醬，與此練而食菜以醯醬異，蓋各記所聞也。

期之喪，三不食；食：蔬食水飲，不食菜果，三月既葬，食肉飲酒。

期，旁期也。三不食，義服也，其正服則二日不食，見《間傳》。

期終喪，不食肉，不飲酒，父在為母，為妻。九月之喪，食飲猶期之喪也，食肉飲酒，不與人樂之。

食肉、飲酒，亦謂既葬。

五月三月之喪，壹不食再不食可也。比葬，食肉飲酒，不與人樂之。

自殯後至比葬，亦得食肉飲酒，未殯不得也。

叔母、世母、故主、宗子食肉飲酒。

叔母以下義服，恩輕也；故主，舊君也，言故主，兼大夫。

不能食粥，羹之以菜可也；有疾，食肉飲酒可也。五十不成喪，七十唯衰麻在身。

羹之以菜，則加鹽酪矣。成猶備也，所不能備，若不致毀、不散送之屬，七十居處，飲食與常時同。

既葬，若君食之則食之；大夫父之友食之則食之矣。不辟粱肉，若有酒醴則辭。

君大夫父友之食不常也，餘不得食者，家人而姑息焉，則喪紀廢矣。酒醴

則辭者，酒以合歡，或至忘哀，非粱肉比，故必自閒也。

小斂於戶內，大斂於阼。君以簟席，大夫以蒲席，士以葦席。

簟，竹席，士喪禮下莞上簟，與此異。

小斂：布絞，縮者一，橫者三。君錦衾，大夫縞衾，士緇衾，皆一。衣十有九稱，君陳衣於序東；大夫士陳衣於房中；皆西領北上。絞紟不在列。

絞既斂，所用束堅之者，縮從也。從者一幅，豎置於尸下。橫者三幅，亦在尸下。從者在橫者之上。每幅之末，析為三片，以結束便也。君大夫士皆用一衾，舒於絞上，衣十九稱，法天地之終數也。皆布於衾上，然後舉尸於衣上，屈衣裹，又屈衾裹，然後以絞束之。士喪禮小斂，陳衣南領西上，與此異。絞紟不在列，以不成稱，故不數也。小斂本無紟，以絞不在列，兼及之耳。

大斂：布絞，縮者三，橫者五，布紟二衾。君大夫士一也。君陳衣於庭，百稱，北領西上；大夫陳衣於序東，五十稱，西領南上；士陳衣於序東，三十稱，西領南上。絞紟如朝服，絞一幅為三、不辟，紟五幅、無紞。

大斂衣更多，故從者布三幅，橫者五幅也。紟，單被也，二衾、一藉、一覆也。士喪禮大斂陳衣，亦南領西上，與此異。如朝服，亦十五升布也，為三三褶之易結束也，不辟不中裂也。紟，五幅，以裹大斂衣者，衣外又加衾也。紞，以組為之，綴之領側，若被識者。生時禪被有識，死者去之，異於生也。

小斂之衣，祭服不倒。君無襚，大夫士畢主人之祭服；親戚之衣，受之不以即陳。小斂，君大夫士皆用複衣複衾；大斂，君大夫士祭服無算，君褶衣褶衾，大夫士猶小斂也。

不倒，尊祭服也。斂取方正，散衣可倒也。君無襚者，不陳，不以斂也，畢盡用之也。復有著者，無算，皆用之，無限數也。褶，袷也，猶小斂，皆複也。

袍必有表，不禪，衣必有裳，謂之一稱。

袍本褻衣，必有為表之衣，乃成稱也。

凡陳衣者實之篋，取衣者亦以篋升，降者自西階。凡陳衣、不詘，非列采不入，絺綌紵不入。

取，取以斂也。不詘，舒而不卷也。列采，正色之服。絺、綌、紵，皆當暑褻衣也。襲尸重形，當用正服。雖夏日無事，畏暑熱也。

凡斂者袒，遷尸者襲。君之喪，大胥是斂，眾胥佐之；大夫之喪，大胥侍之，眾胥是斂；士之喪，胥為侍，士是斂。

斂者袒，於事便也。侍猶臨也。周官大祝：大喪贊斂。喪祝：卿大夫之喪掌斂。士喪禮：商祝主斂。大胥，大祝之屬。眾胥，眾祝之屬。蓋大祝雖贊斂，而親其事者胥也。商祝即喪祝，音小異耳。士，凡士之親朋也。

小斂大斂，祭服不倒，皆左衽結絞不紐。

衽，衣襟也。不倒則衣似生時，然皆以左衽搢於右衽之外也。結絞不紐，申左衽之故，言服外尚有絞結，故左衽可在外不紐也。

斂者既斂必哭。士與其執事則斂，斂焉則為之壹不食。凡斂者六人。

士與其執事，謂平生曾與亡者共執事，今與喪所則助斂。若不經共執事，則褻惡之，不使斂也。生既有恩，死又為之斂，故為之廢一食。斂必兩邊各三人，貴賤同也。

君錦冒黼殺，綴旁七；大夫玄冒黼殺，綴旁五；士緇冒赬殺，綴旁三。凡冒質長與手齊，殺三尺，自小斂以往用夷衾，夷衾質殺之，裁猶冒也。

冒者，既襲，又以韜尸，重形也。殺，冒之下帬，韜足而上者也，總名曰冒。分言之，上曰質，下曰殺，皆如囊，各縫合一頭，又縫合一邊，餘一邊不縫，為綴以結之。裁，猶制也。夷衾亦有質、殺，以其視冒加大，而以衾名之耳，實亦小斂、大斂之冒也，但不為囊與旁綴。

君將大斂，子弁絰，即位於序端，卿大夫即位於堂廉楹西，北面東上，父兄堂下北面，夫人命婦尸西東面，外宗房中南面。小臣鋪席，商祝鋪絞紟衾衣，士盥於盤，上士舉遷尸於斂上。卒斂，宰告，子馮之踊，夫人東面亦如之。

弁，服弁也，其布六升七升。絰，首絰也，去五分一以為帶。言於弁絰，則卿大夫等皆成服可知。序，東序也。堂廉，堂基南畔，廉棱之上也。楹，東楹也。士亦喪祝之屬，將舉尸而先盥，示敬也。告，告當馮也。獨舉子與夫人，則卿大夫世婦以下，但視斂而不敢馮也。

大夫之喪，將大斂，既鋪絞紟衾衣。君至，主人迎，先入門右，巫

止於門外，君釋菜，祝先入升堂，君即位於序端，卿大夫即位於堂廉楹西，北面東上；主人房外南面，主婦尸西，東面。遷尸，卒斂，宰告，主人降，北面於堂下，君撫之，主人拜稽顙，君降、升主人馮之，命主婦馮之。

主人，嫡子也，出門迎君，望見馬首，不哭不拜，先還，入門而右，北面以待。君至巫止者，君弔則巫前，巫主辟凶邪，以桃茢至門，恐主人惡之，且禮敬主人，故不將巫入對尸柩也。門，廟門也，士喪禮巫止於廟門外是也。釋菜禮，門神也。必禮之者，君非問疾弔喪，不入諸臣之家也。主人房外南面，大夫之子尊，得升視斂也。告，告當降送君也。升，君命主人升也。主婦本在堂上房中，故但命之。

士之喪，將大斂，君不在，其餘禮猶大夫也。

其余謂卿大夫及主婦之位，君在之禮詳《士喪禮》。

鋪絞紟，踊；鋪衾，踊；鋪衣，踊；遷尸，踊；斂衣，踊；斂衾，踊；斂絞紟，踊。

目踊節也。

君撫大夫，撫內命婦；大夫撫室老，撫姪娣。君大夫馮父母、妻、長子，不馮庶子；士馮父母、妻、長子、庶子，庶子有子，則父母不馮其尸。凡馮尸者，父母先，妻子後。君於臣撫之，父母於子執之，子於父母馮之，婦於舅姑奉之，舅姑於婦撫之，妻於夫拘之，夫於妻於昆弟執之。馮尸不當君所。凡馮尸，興必踊。

撫，以手案之也。馮，扶持服膺之也。凡馮尸必坐而哀殞，故起必踊以泄之。具哀，馮為重，奉次之，拘次之，執又次之。不當君所，不敢與尊者同處也。凡馮必當心，若君不撫，則餘人亦得當心也。

父母之喪，居倚廬、不塗，寢苫枕塊，非喪事不言。君為廬宮之，大夫士襢之。既葬柱楣，塗廬不於顯者。君、大夫、士皆宮之。凡非適子者，自未葬以於隱者為廬。

倚廬者，兩木相倚，上合下開，夾茻為障，北向不設戶。既葬，傍東牆為披屋，有柱有梁，外剪簷茻，內以泥塗也。苫，茻也。凷，同塊土，墣也。宮之於廬外為帷，障如宮牆也。襢，同袒，言露而不障也。楣，梁也。既葬哀殺，故有柱有梁，稍舉以納日光也，塗廬以避風寒也。顯，外也，在廬外則顯也。

凡非適子言眾子，與喪主異廬也。隱，偏僻處也，言自統。既葬亦然。

既葬，與人立：君言王事，不言國事；大夫士言公事，不言家事。

未葬不與人並立，既葬則有事須言得與人並立也。若無事，雖練不羣立矣。雖與人立，猶止言公事，不言私事，則其與立亦不得已也。

君既葬，王政入於國，既卒哭而服王事；大夫、士既葬，公政入於家，既卒哭、弁絰帶，金革之事無辟也。

《曾子問》記孔子言三年之喪，夏既殯而致事，殷既葬而致事，而獨不詳周人致事之節，則周制不致事，而王政入國，公政入家，固無疑矣。至國有攝政之卿，家有攝政之宰，則子原無礙於居喪，王政公政亦無害於入國入家，而有奪人親與奪親之嫌也。弁服，弁也。絰，首絰要絰也。帶，要帶也。此為君大夫言，而士之喪服亦可知也。金革無辟，重患難也，然喪服終不為之變矣。至有為無為，則又存乎其人與時。餘詳《曾子問》。

既練，居堊室，不與人居。君謀國政，大夫、士謀家事。既祥，黝堊。祥而外無哭者；禫而內無哭者，樂作矣故也。

黝堊，堊室之飾也，黝色黑，堊色白，地謂之黝，牆謂之堊。外，內中門之外內也，禫已縣八音於庭，而樂可作也。

禫而從御，吉祭而復寢。

從御者，可使婦人出入給事也。吉祭，時祭也，禫後值祭期，即吉祭也。復寢，還內寢，御婦人也。

期居廬，終喪不禦於內者，父在為母為妻；齊衰期者，大功布衰九月者，皆三月不禦於內。

特言為母為妻，疑父在亦可屈也。言母，則祖父母之正期不待言矣，旁期不待終喪。妻一而已，所以重夫婦之倫而親之也。曰齊衰，又曰期，以齊衰有三月也。曰大功，又曰布衰九月，以大功中殤七月也。

婦人不居廬，不寢苫。喪父母，既練而歸；期九月者，既葬而歸。

婦人宜深宮固門，故不居廬；寢處不可苟簡，故不寢苫，示身之不可輕也。歸，歸夫家也。女子既嫁，雖移所天，而本生至戚，亦不能不盡其哀也。故以練葬為節，期為祖父母及兄弟為父後者九月，則本期而既嫁，降為大功者。然旁期九月而歸，為大夫士禮也。

公之喪，大夫俟練，士卒哭而歸。

大夫士有遠近親疏之別，如在朝為近，在外為遠，侍御僕射為親，兄散為疏，故此與《雜記》所記雖異而義通也。

大夫、士父母之葬，既練而歸。朔月忌日，則歸哭於宗室。諸父兄弟之喪，既卒哭而歸。

此謂庶子也。命士以上，父子異宮，歸，歸其宮之堊室也。歸哭，反哭也，宗室，嫡子，家，殯宮也，諸弟為嫡，則庶兄為之次。

父不次於子，兄不次於弟。

不次，不就其殯宮為次也。父兄尊，但居己之外寢以致哀。

君於大夫、世婦大斂焉；為之賜則小斂焉。於外命婦，既加蓋而君至。於士，既殯而往；為之賜，大斂焉。夫人於世婦，大斂焉；為之賜，小斂焉。於諸妻，為之賜，大斂焉。於大夫外命婦，既殯而往。

為之賜，加恩也；加蓋而至略也，具禮而已。喪事以速為敬，既殯而往，亦略也。諸妻，謂姪娣及同姓女也。

大夫、士既殯而君往焉，使人戒之，主人具殷奠之禮，俟於門外。見馬首，先入門右，巫止於門外，祝代之先，君釋菜於門內。祝先升自阼階，負墉南面。君即位於阼。小臣二人執戈立於前，二人立於後。擯者進，主人拜稽顙。君稱言，視祝而踴，主人踴。大夫則奠可也。士則出俟於門外，命之反奠，乃反奠。卒奠，主人先俟於門外，君退，主人送於門外，拜稽顙。

戒豫，告之也。朝夕小奠，月朔則大奠。殷奠，大奠也。非月朔而具殷奠，嚴君至也。負墉，牖東之墉也。執戈，為衛也。擯者進，當贊主人也。稱言，舉而所以來之詞也。視祝而踴，祝相君之禮，當節之也。君在阼，主人在庭，士卑，故必出俟而後君命及之。

君於大夫疾，三問之，在殯，三往焉；士疾，壹問之，在殯，壹往焉。君弔則復殯服。

問之往焉，皆所以恩哀臣下之禮也。在殯之往，既殯未葬，哀念之，則往哭也。復，反也。殯服，苴絰帶。免，布深衣也。帶不散垂。小記君弔，雖不當免時，主人必免是也。必服未成服之服者，君為至尊，感其至而加哀，且重君恩也。上文既殯而往稱言，則既殯之往，有不止為未視大斂者。蓋若師、保、大臣、親族、故舊，皆當有加禮，如盡大夫、士而然，則君不勝僕僕矣。

　　夫人弔於大夫、士，主人出迎於門外，見馬首，先入門右。夫人入，升堂即位。主婦降自西階，拜稽顙於下。夫人視世子而踊。奠如君至之禮。夫人退，主婦送於門內，拜稽顙；主人送於大門之外不拜。

　　世子當作世婦，傳寫誤也。周官、春官有世婦。王后有拜事於婦人，則詔相視世婦而踊者，夫人從世婦之詔節也。世婦之從夫人，蓋如祝從君。夫人弔，亦當有女祝、女巫，不言省文，或即世婦兼之門內、寢門內也。婦人迎送不出門，主人不拜，喪無二主也。餘與君弔同。夫人所弔，如同異姓親屬，否則亦不勝弔矣。

　　大夫君不迎於門外。入即位於堂下。主人北面，眾主人南面；婦人即位於房中。若有君命，命夫命婦之命，四鄰賓客，其君後主人而拜。

　　即位，即阼階下西面之位也。主人不迎於門外，大夫君不升堂，皆下正君也。主人北面，在君之南，北面也。眾主人南面，在君北也。婦人即位於房中，以既殯無事於堂也。若猶或也，後主人而拜，俟主人拜命拜賓之後，更拜以展己敬，示己本非喪主，但適見賓使之來，不可不與為禮耳。

　　君弔，見尸柩而後踊。

　　大小斂則見尸，殯則見柩，既葬則無柩。無柩者不帷，帷不見也。如君有事出竟，既葬而返，弔於其家，則不復踊，小哀殺故也。

　　大夫、士若君不戒而往，不具殷奠；君退必奠。

　　不戒，哀迫不及戒也。不具，不及具也。退必奠，榮君恩也。

　　君大棺八寸，屬六寸，椑四寸；上大夫大棺八寸，屬六寸；下大夫大棺六寸，屬四寸，士棺六寸。

　　大棺，棺之在表者，大棺及屬用梓，椑用杝。此論棺厚薄重數，天子之棺四重，其詳已見《檀弓》，庶人之棺四寸也。

　　君裏棺用朱綠，用雜金鐕；大夫裏棺用玄綠，用牛骨鐕；士不綠。

　　裏棺，以繒貼棺裏也。朱、玄皆繒色。綠，本皆作㯭。古㯭、鹿通，即簏也，蓋不或竹篋為小簏也。鐕，釘也。雜金，金有三品也，一曰雜金。鐕，用象牙釘，雜之以釘綠於棺四角。下文鬠、爪實於綠中。

　　君蓋用漆，三衽三束；大夫蓋用漆，二衽二束；士蓋不用漆，二衽二束。

　　蓋，棺上蓋也。用漆，謂以漆塗其合縫處。衽小要，形如燕尾，合棺縫際

者。束,以皮束棺也。天子之制,棺束縮二橫三。餘亦詳《檀弓》。

君、大夫鬊爪;實於綠中;士埋之。

鬊,亂髮也。綠即錯棺之綠,實之亦全歸之意。士但埋之,無綠也。

君殯用輴,攢至於上,畢塗屋;大夫殯以幬,攢置於西序,塗不曁於棺;士殯見衽,塗上帷之。

輴,柩車。攢,猶菆也,以木圍柩如槨也。上,棺上也,即屋亦以木為之上覆者也。天子之屋四,注:諸侯當如夏屋,雨下,文不備耳。幬,覆也,亦以木為上覆也。攢置西序,則攢止三面西著,序牆者不攢也。塗不曁棺者,棺上與三旁之木皆塗,西序無木,止有棺者不塗也。見衽,士棺下半在殔中,上半露者,見小要也。帷,猶幬也,以有四面,故名帷,所覆者止棺之上半也,亦以木為之,塗之外,其上又皆有承塵。餘見《檀弓》。

熬,君四種八筐,大夫三種六筐,士二種四筐,加魚臘焉。

熬,煎穀也。將塗,設於棺旁。士喪禮:黍稷各二筐設之,旁各一筐。大夫三種加粱,君四種加稻,四筐則手足皆一。其餘設於左右,加魚臘,每筐皆加之也。其設之之義,意蓋亦如重之縣鬲摘,若有人道食殼之事也。

飾棺,君龍帷三池,振容。黼荒,火三列,黼三列。素錦褚,加偽荒。繡紐六。齊,五采五貝。黼翣二,黻翣二,畫翣二,皆戴圭。魚躍拂池。君纁戴六,纁披六。大夫畫帷二池,不振容。畫荒,火三列,黻三列。素錦褚。繡紐二,玄紐二。齊,三采三貝。黻翣二,畫翣二,皆戴綏。魚躍拂池。大夫戴前纁後玄,披亦如之。士布帷布荒,一池,揄絞。繡紐二,緇紐二。齊,三采一貝。畫翣二,皆戴綏。士戴前纁後緇,二披用纁。

飾棺者以華道路及壙中,不欲眾惡其親也。荒,蒙也。在旁曰帷,在上曰荒,皆所以衣柳也。龍帷,畫龍於帷也。池如屋之承溜,以木為之,衣以青布,柳象宮室,縣池於荒之爪端,若承溜然。天子屋四。注:四池,諸侯降一池。闕,後也。振,動也。容,飾也。以絞繒為之,長丈,餘如幡,畫幡上為翟,縣於池下以為容,車行則幡動也。黼,白黑文。荒柳,車上覆鱉甲也。列,行也。火,畫火如半環。黻,畫兩己相背形,緣荒邊黼文之上,以火黻相間,各三列也。褚,覆棺也。偽,當為帷字,誤也。以素錦為親,棺之覆上又加帷荒也。此即雜記之錦屋紐,結心上蓋,與邊牆相離,故以纁為紐連之,旁各三,

故六也。齊，荒頂也。荒頂形圓如車蓋，高三尺，徑二尺餘。凡車蓋四面有垂下蕤，今齊形，上象車蓋，旁象蓋蕤，上下縫合五采繒，列行相次，如瓜內之子，以瓣為分限，又連貝為五行，交絡齊上也。翣形似扇，在路則障車，入椁則障柩。黼畫斧也，黻畫亞也。畫，畫雲氣，心戴圭，其首又為圭形也。魚以銅為之，縣於振容間，車行則魚跳躍，上拂於池，以池當有魚也。更言君者，事異飾棺也。纁戴六者，棺橫束有三，每束兩邊屈皮為紐，三束有六紐，用纁帛內繫棺束之紐，又與外畔柳材相值而繫屬之，使堅固也。纁披六者，亦用纁帛，以一頭結戴，出一頭於帷外，人牽之，每戴各一。六者亦用纁帛，以一頭結戴，出一頭於帷外，人牽之，每戴各一。二池又降一也。朼振容，無絞翟也。畫荒與帷同紐，纁玄各二，不一色也。翣四，無黻也。綏蓋以彩色絲為飾也。布，白布也。揄，揄翟也。揄絞即振容也。士止一池，雖有揄絞，而無魚躍也。二披用纁，通兩旁，則亦四披也。

　　君葬用輴，四綍二碑，御棺用羽葆。大夫葬用輴，二綍二碑，御棺用茅。士葬用國車。二綍無碑，比出宮，御棺用功布。

　　《周官·巾車》：小喪，共匶路，即輴也。蓋輴者，大夫以上所通用，但君殯葬皆用輴，大夫則殯不用而葬用之耳。在棺曰綍，行道曰引，至壙將窆設碑又曰綍，故碑、綍連言之。碑，天子豐碑，諸侯桓楹，已詳檀弓。御棺，居前為節度也。羽葆，以鳥羽注於柄末，如蓋，御者執之以為麾也。茅，白茅也。國車，公家之車。士喪禮遂匠所納者，比出用功布，則出宮而止，至壙無也。

　　凡封，用綍去碑負引，君封以衡，大夫士以咸。君命毋譁，以鼓封；大夫命毋哭；士哭者相止也。

　　封，下棺也。周官作窆，用綍去碑。負引者，先以綍繞碑之鹿盧，使綍漸漸去碑以下棺，而人則背碑而立，又負引於肩也。引，即綍之末，人所曳者。衡，平也，以木橫貫緘耳，居旁持而平之，咸古緘字。棺，輇也，以鼓封擊鼓，為下棺之節也。

　　君松椁，大夫柏椁，士雜木椁。

　　椁，井椁也，餘詳《檀弓》。

　　棺椁之間，君容柷，大夫容壺，士容甒。

　　間可以藏物，因以為廣狹之節。柷，樂器，如漆桶。壺，漏水器。甒，盛酒器。

君裏槨虞筐，大夫不裏槨，士不虞筐。

裏槨，蓋猶裏棺，所用未詳。虞筐，當亦與熬筐相似，然亦無考。若士遣車，不載糧，無魚臘，則不虞筐可知。

禮記卷二十三　祭法

　　禮莫重於祭，祭莫重於法。春秋之末，禮教散失，後儒各記所聞，已不能免歧異踳駁之患，而此篇乃止剽竊國語等文，又加增損竄易，蓋當時小儒乘購書之令，艸率湊集以戈利者，於祭法本非所記，集記者皆濫收而不能辨，抑亦惑矣。

　　祭法：有虞氏禘黃帝而郊嚳，祖顓頊而宗堯。夏后氏亦禘黃帝而郊鯀，祖顓頊而宗禹。殷人禘嚳而郊冥，祖契而宗湯。周人禘嚳而郊稷，祖文王而宗武王。

　　或問禘說，而孔子答以不知，則事涉神異，其理本非人所易悉，亦不語怪異之意也。然有可證者，天命玄鳥，降而生商，有娀方將，帝立子生商，此商人之始也。厥初生民，時維姜嫄，履帝武敏，是生后稷，此周人之始也。孔子皆列之於詩，有娀之為簡狄，尚不見於經，姜嫄之為先妣，無可疑矣。使簡狄、姜嫄皆有夫，而契與稷皆有父，則商、周之雅、頌，何故沒其祖而止言其如乎？且子夏喪服傳言天子及其祖之所自出，夫女子所生曰出，傳有明丈，則第言所自出者，其女必無夫，而子必無父矣。蓋帝出乎震，此禘之所由名，而禘祭之所由制也。是故天無形，有地而後有形，一陽之子，生於重陰之下，故經、傳之論陰陽，皆先言陰而後言陽，而萬物始生，每先有母，以萬物皆生於地，而陽之為父，或神妙於無形也。言禘者必求其人以實之，謬矣。傳云：犧象不出門，嘉樂不野合。古禮皆然。郊在國野，其祭本為民事，事多簡樸，與宗廟之中尊尚禮文者迥殊。夏鯀、商冥、周稷，皆其先也，而亦祭於郊者，以祀不可無配。而鯀、冥皆以治水奠民居，稷以教稼與民食，則亦以民之報德所恒祭而祭之，非有私於其先也。混郊於禘與祖宗，失其義矣，而況有虞之郊嚳乎？祖，

始祖也；宗，不祧也。始祖本無二，羣宗又無定者也。神不歆非類，民不祀非族。據傳，日幕至於瞽瞍，不言顓頊，則國語言幕能帥顓頊，尚未可盡信。而堯之祭，自有丹朱主之，豈有虞之所得宗乎？周人祖稷，則文、武皆當為宗，而以為祖文王，亦非也。總之，國語之言禘，已為妄說，其言郊與祖宗，亦不能無失。而此記又以意竄易之，則更不知所謂矣。若春秋諸侯禘郊祖宗之僭禮，與此又不同。

燔柴於泰壇，祭天也；瘞埋於泰折，祭地也；用騂犢。

燔柴，禋祀也。禋者，煙也，陽之氣也。泰壇即圜丘，此謂冬日至祀昊天上帝也，故以為祭天，而其實凡祀天神之禮，皆視此以次而差也。瘞埋，血祭也。血者，陰之色也。泰折即方丘，折旋則方也，此謂夏日至祭地祇也，故以為祭地，而其實凡祭地示之禮，皆視此以次而差也。犢以小為貴，尚誠也。騂，赤色，周所尚也。若祭天地而燔瘞，當焚其脾脅而瘞其血毛乎？其餘四望、四類、五祀、五嶽神示，不可勝詳矣。

埋少牢於泰昭，祭時也；相近於坎壇，祭寒暑也。王宮，祭日也；夜明，祭月也；幽宗，祭星也；雩宗，祭水旱也；四坎壇，祭四方也。

埋少牢，統以下七者而言，言埋恐非，當亦為柴燎之事，七者皆天神也。昭，猶著也。時，四時也。四時本止一氣，而春生、夏長、秋斂、冬藏，其用不同，又甚昭著，故以泰昭名壇也。坎，窊下之地。坎壇，即澤中方丘相近，言泰昭之壇近坎壇也。寒暑本不外四時，而其祭又別，故仍於泰昭祭之，而又明其壇之近於坎壇耳。王宮，祭日壇名。夜明，祭月壇名。言宮，則凡壇不止為壇，當有垣牆似宮矣。幽宗、雩宗，亦皆壇名。言幽者，星光不能明照也。宗，尊也。星，五星也。五緯非天體，為三垣二十八宿之宗也。雩者，吁嗟急雨之聲，雪霜風雨皆能為災，而旱之望雨為尤急，故以雩雨為諸神之宗也。四坎壇，蓋即澤中方丘。四方，近水之壇。四方，亦天之四方，如蒼龍為東方也。以上二節，雖語未盡純，其制尚當有本。

山林、川谷、丘陵，能出雲為風雨，見怪物，皆曰神。有天下者，祭百神。諸侯在其地則祭之，亡其地則不祭。

見怪物，著靈異也。亡、無通。

大凡生於天地之間者，皆曰命。其萬物死，皆曰折；人死，曰鬼；此五代之所不變也。七代之所以更立者：禘、郊、宗、祖；其餘不變也。

折，毀折也。植動之物，皆為人用，故其之死，多由於戕賊而以為折也。鬼者，歸也，人以死為全歸也。五代，唐、虞、夏、商、周也。七代亦約舉之詞。陶唐以前，禮制質略，自孔子不具論，而欲追溯之，抑亦不智矣。

天下有王，分地建國，置都立邑，設廟祧壇墠而祭之，乃為親疏多少之數。是故：王立七廟，一壇一墠，曰考廟，曰王考廟，曰皇考廟，曰顯考廟，曰祖考廟；皆月祭之。遠廟為祧，有二祧，享嘗乃止。去祧為壇，去壇為墠。壇墠，有禱焉祭之，無禱乃止。去墠曰鬼。諸侯立五廟，一壇一墠。曰考廟，曰王考廟，曰皇考廟，皆月祭之；顯考廟，祖考廟，享嘗乃止。去祖為壇，去壇為墠。壇墠，有禱焉祭之，無禱乃止。去墠為鬼。大夫立三廟二壇，曰考廟，曰王考廟，曰皇考廟，享嘗乃止。顯考祖考無廟，有禱焉，為壇祭之。去壇為鬼。適士二廟一壇，曰考廟，曰王考廟，享嘗乃止。皇考無廟，有禱焉，為壇祭之。去壇為鬼。官師一廟，曰考廟。王考無廟而祭之，去王考曰鬼。庶士庶人無廟，死曰鬼。

國，諸侯也。都，公、孤、卿之埰地。邑，大夫、士之埰地。廟、祧、壇、墠以卜，皆臆說也。禮：天子、諸侯之享人鬼，始祖曰大廟，其次始封或有功德不遷者曰世室。羣宮未毀，以謚名宮，親者謂之禰宮，並無考與王、皇、顯、祖等名也。其宮皆以在位先後為次，不論尊卑昭穆。天子六宮，上數至七而毀；諸侯四宮，上數至五而毀，以諸父昆弟皆臣而君尊也。大夫有宗，亦有大廟，其次祖宮、禰宮。士為宗子，亦有大廟及禰宮，非宗子則祭禰廟而已，亦無考與王、皇、顯之名也。祧即在廟大室之西，藏主之室，周官有守祧是也。已毀之廟，其主亦不可無祧，故寓藏於大廟與世室之東，夾以待大祫合食之享，非別有祧名，又別有遠廟以當之也。壇者，築土為高基。墠即平地除艸町町者。壇必於墠，壇、墠之祭，皆非正祭。周公嘗告大王、王季、文王，又豈祧廟乎？凡享於廟者，皆人鬼也，又豈必去墠與無廟而後為鬼乎？月祭乃喪祭，如朔奠之類。廟中止有時祭，或月有薦告，豈得槩以祭名乎？適士蓋謂士為宗子者，然詞未別白。又有官師、庶士，則俱不知所謂矣。庶人亦祭於寢，蓋用特豚，非不祭也。此節言多枝誕，無庸為之飾說。

王為羣姓立社，曰大社。王自為立社，曰王社。諸侯為百姓立社，曰國社。諸侯自立社，曰侯社。大夫以下，成羣立社曰置社。

羣姓，猶言兆民也。大社，后土也。謂圻內千裏之土神，在皋門內之右，

與地示異。地示通乎天下，其壇壝自在澤中方丘。王社，王親耕耤田千畝之社也。國社，竟內一國之社。然此乃天子為諸侯立，非諸侯所得擅立也。侯社，諸侯親耕耤田之社也。置，猶建也。置社如里社。大夫卑，不得特立社，與民族同里者共社也。

王為群姓立七祀：曰司命，曰中溜，曰國門，曰國行，曰泰厲，曰戶，曰灶。王自為立七祀。諸侯為國立五祀，曰司命，曰中溜，曰國門，曰國行，曰公厲。諸侯自為立五祀。大夫立三祀：曰族厲，曰門，曰行。適士立二祀：曰門，曰行。庶士、庶人立一祀，或立戶，或立灶。

此亦非也。王、公、侯為天下與一國之君，即其竟內，如山林、川澤、丘陵、墳衍，以至門關、道路、城隍、阻固、溝瀆之屬，凡有神以主之者，莫不有祀，豈止於七與五而已？司命乃天神，泰厲、公厲乃古帝王、公侯、卿大夫之無主後者，族厲乃民族之無主後者，皆人鬼也。中雷、門戶、井竈，又羣姓所自有，謂之五祀，貴賤一也。天子、諸侯何庸一一為之公祀乎？國門若城門，國行若逵路，以非羣姓所得專，而君為之主，故天子、諸侯祀之耳。五祀雖庶人不能廢其一，且祀之各於其所，不待立也。尸必於奧，以人為室主也。雜舉五祀，皆非本名，而又增之為七，減之為三、為一，不亦太荒誕乎？大夫、士、庶皆有行神，當不在五祀內，以出行乃祀之，非居家之常祀也。

王下祭殤五：適子、適孫、適曾孫、適玄孫、適來孫。諸侯下祭三，大夫下祭二，適士及庶人，祭子而止。

此亦非也。禮有適子者無適孫，蓋天子諸侯孫本無適孫之以適稱，以其為適子之子而適之也。若適孫又死，則必無所謂適曾孫矣。何也？凡以適稱者，皆以著代也。父死子繼者，變為祖孫相繼，則貴適之義已著。豈適子無母弟，不可以兄終弟及，而猶適及曾孫，且至玄來乎？故祭五祭三，皆妄說也。

夫聖王之制祭祀也：法施於民則祀之，以死勤事則祀之，以勞定國則祀之，能禦大菑則祀之，能捍大患則祀之。是故厲山氏之有天下也，其子曰農，能殖百穀；夏之衰也，周棄繼之，故祀以為稷。共工氏之霸九州島島也，其子曰后土，能平九州島島，故祀以為社。帝嚳能序星辰以著眾；堯能賞均刑法以義終；舜勤眾事而野死。鯀鄣洪水而殛死，禹能修鯀之功。黃帝正名百物以明民共財，顓頊能修之。契為司徒而民成；冥勤其官而水死。湯以寬治民而除其虐；文王以文治，武王以武功，去民之菑。此皆有功烈於民者也。及夫日月星辰，民所瞻仰也；山林川谷

丘陵，民所取材用也。非此族也，不在祀典。

厲山氏，即炎帝神農。厲、烈音近通用。農，農官也。霸，俗伯字。共工氏，本世為共工之官，而作方伯以主諸侯，未嘗有天下，故以霸九州島稱也。后土，土正也。農即柱，后土即句龍也。帝嚳，帝名嚳也，即高辛氏。序星辰，如分天星為三垣二十八宿，天壤為十二辰也。著眾，使民興事，知休作之期也。賞均則不可幸邀，刑法則不陷非辜也。以義終，謂不以位為貴，禪位乃終也。勤眾事，謂巡守也。野死，葬於蒼梧也。鄣，為防以鄣水也。鴻，與洪同。殛死，以罪責死於羽山也。正名百物，為百物定名號，有常稱也。名正則實核，故民皆明曉而不惑，因物之名而取之以待用，故又可以共財也。民成，知教而成人也。冥，玄冥，水正也。契六世孫終於官。虐菑，謂桀、紂也。烈，業也。族，猶類也。祀典，可祀之興也。此亦襲國語而微加竄易者也。

禮記卷二十四　祭義

義者，其儀文所以然之故也，冠、昏、鄉、射等皆有義，與此同。

祭不欲數，數則煩，煩則不敬。祭不欲疏，疏則怠，怠則忘。是故君子合諸天道：春禘秋嘗。

此言所以時祭之義，月祭則數，歲祭則疏。王者之禘，以春周木，諸侯皆僭天子，故直以禘為春祭，而記亦承之，不言冬夏，以春秋該也。

霜露既降，君子履之，必有悽愴之心，非其寒之謂也。春，雨露既濡，君子履之，必有怵惕之心，如將見之。樂以迎來，哀以送往，故禘有樂而嘗無樂。

節首不言秋，承上秋嘗省文爾。悽愴怵惕，皆感時變而思親也。來往謂親之神，思之而來則樂，既來而往，又不能不哀也。無樂非也。有樂無樂，已詳郊特牲。

致齊於內，散齊於外。

致，專致也。於內，不出齊宮也。散，森雖齊而摘在外也。於外，如日出而聽政，且或有事於國中也。

齊之日：思其居處，思其笑語，思其志意，思其所樂，思其所嗜。齊三日，乃見其所為齊者。

樂以事言，嗜以物言。言思之切，則親雖不可見，而如見，惟誠存，故神格也。致齊三日。

祭之日：入室，僾然必有見乎其位，周還出戶，肅然必有聞乎其容聲，出戶而聽，愾然必有聞乎其歎息之聲。

-355-

此謂尸未入饜祭時也。優然言其貌，肅然言其容，愾然言其氣。位室西南隅，藏主之祧也。出戶而聽，如佐食。闔戶牖後。

是故，先王之孝也，色不忘乎目，聲不絕乎耳，心志嗜欲不忘乎心。致愛則存，致愨則著。著存不忘乎心，夫安得不敬乎？

色不忘目，常若承顏也。聲不絕耳，常若聽命也。愛，言思念之誠也。愨，愛之篤也。存，如見親存也。著，若親之聲色志意無微不著也。愛存之見猶微愨者，則微之顯，誠之不可揜也。

君子生則敬養，死則敬享，思終身弗辱也。

此因上言敬而極言之，言君子之敬無非孝，而孝必極之，終身弗辱也。享即祭也。

君子有終身之喪，忌日之謂也。忌日不用，非不祥也。言夫日，志有所至，而不敢盡其私也。

忌日，親亡日也。不用者，不舉他事，如有時日之禁也。祥，善也。夫日，猶言此日也。志有所至，感親之亡而生哀，不能不有所獨至也。不敢盡其私者，其他皆為己之私事，不暇為也。

唯聖人為能饗帝，孝子為能饗親。

受於天者，惟聖人能全而歸之，而天地所生成，莫不有以盡其性，所以能饗帝也。受於親者，惟孝子能全而歸之，而父母所愛敬，莫不有以充其類，所以能饗親也。以享帝引享親，正以形享親之不易也。

饗者，鄉也。鄉之，然後能饗焉。是故孝子臨尸而不怍。

鄉與向同對也。聖人之心，自曰明曰旦，以至民胞物與，無時而不向乎帝也。孝子之心，自慎言慎行，以至齊家睦族，無時而不向乎親也。惟其平日如此，所以臨尸而不怍。孝子不怍，則聖人之對越可知矣。

君牽牲，夫人奠盎。君獻尸，夫人薦豆。卿大夫相君，命婦相夫人。齊齊乎其敬也，愉愉乎其忠也，勿勿諸其欲其饗之也。

齊齊，整貌。愉愉，和悅貌。勿勿，恍忽不敢必享之貌。皆愛愨之至也，文與《禮器》大同小異。

文王之祭也：事死者如事生，思死者如不欲生，忌日必哀，稱諱如見親。祀之忠也，如見親之所愛，如欲色然；其文王與？《詩》云：「明發不寐，有懷二人。」文王之詩也。祭之明日，明發不寐，饗而致之，

又從而思之。祭之日，樂與哀半；饗之必樂，已至必哀。

如不欲生，思親深而哀甚也。忠，猶誠也。如欲色然者，愛之則欲之，見親之愛，直見親之色之欲之，極言之也。詩小宛之篇以為文王詩者，如孟子之引靈臺，皆斷章取義也。祭之明日繹，祭日也。所以有繹者，饗而致之，若未足以盡孝思之意，故明日又從而尋繹之，以致其思也。此專引文王，蓋謂惟文王能盡享親之義也。

仲尼嘗，奉薦而進其親也愨，其行趨趨以數。已祭，子贛問曰：「子之言祭，濟濟漆漆然；今子之祭，無濟濟漆漆，何也？」子曰：「濟濟者，容也遠也；漆漆者，容也自反也。容以遠，若容以自反也，夫何神明之及交，夫何濟濟漆漆之有乎？反饋，樂成，薦其薦俎，序其禮樂，備其百官。君子致其濟濟漆漆，夫何慌惚之有乎？夫言，豈一端而已？夫各有所當也。」

嘗，秋祭也。親，謂身親執事也。趨趨，猶言蹙蹙。愨與趨數，言質斂少威儀也。容，威儀也。遠，疏遠也。自反，詳於自飾也。容儀多，則是自遠於親，且詳於自飾，不暇與神交矣。故專於交神明者，不可有濟濟漆漆之意也。反饋，薦腥而反饋熟也。回饋而後樂成，周人先求諸陰也。薦俎，薦其饋食之豆，並牲體之俎也。君子，謂助祭之人。於此時濟濟漆漆，乃賓客之事也。慌惚，與神交之象也。

孝子將祭，慮事不可以不豫；比時具物，不可以不備；虛中以治之。宮室既修，牆屋既設，百物既備，夫婦齊戒沐浴，盛服奉承而進之，洞洞乎，屬屬乎，如弗勝，如將失之，其孝敬之心至也與！薦其薦俎，序其禮樂，備其百官，奉承而進之。於是諭其志意，以其慌惚以與神明交，庶或饗之。「庶或饗之」，孝子之志也。

比猶先也。虛中，言不兼念餘事也。如弗勝，恐不能承梁事也。如將失之，恐親之弗享，欲至而或失之也。諭其志意，凡與執事者，皆無有言說，各盡誠敬也。以其慌惚與神明交，即如在其上，如在左右也。庶或者冀幸，不敢必也。

孝子之祭也，盡其愨而愨焉，盡其信而信焉，盡其敬而敬焉，盡其禮而不過失焉。進退必敬，如親聽命，則或使之也。

愨者，思親之誠；信者，平居之誠；敬者，當事之誠；禮者，備物之誠，皆所以盡己之心，如父母之生存而聽命也。

孝子之祭，可知也，其立之也敬以詘，其進之也敬以愉，其薦之也敬以欲；退而立，如將受命；已徹而退，敬齊之色不絕於面。孝子之祭也，立而不詘，固也；進而不愉，疏也；薦而不欲，不愛也；退立而不如受命，敖也；已徹而退，無敬齊之色，而忘本也。如是而祭，失之矣。

立，待事而立也。進，有事而進也。薦，奉物而薦也。退而立，既進而退立也。徹而退，薦畢而徹，遂退不復進也。詘，鞠躬如也。愉，顏色和也。欲，欲其親之歆享之也。敬齊，心敬而形整飭也。固，質陋也。疏，謂自遠外於親也。不愛，無親愛之誠也。忘本，猶言非孝也。凡所以祭者，云何而當退，已無敬齊之色，是忘本也。而，語助詞。

孝子之有深愛者，必有和氣；有和氣者，必有愉色；有愉色者，必有婉容。孝子如執玉，如奉盈，洞洞屬屬然，如弗勝，如將失之。嚴威儼恪，非所以事親也，成人之道也。

愛者，心也，心動則氣隨之，氣至則色隨之，色見則容隨之也。嚴威儼恪，莊有餘而和不足也。事親，當不失孺子之慕。

先王之所以治天下者五：貴有德，貴貴，貴老，敬長，慈幼。此五者，先王之所以定天下也。貴有德，何為也？為其近於道也。貴貴，為其近於君也。貴老，為其近於親也。敬長，為其近於兄也。慈幼，為其近於子也。

治天下之大要，不外此五者，故以定言義。

是故至孝近乎王，至弟近乎霸。至孝近乎王，雖天子，必有父；至弟近乎霸，雖諸侯，必有兄。先王之教，因而弗改，所以領天下國家也。

王與霸以子弟後父兄，本皆君臣之義，其尊不待言矣。此所謂父兄，亦謂諸父諸兄，以親屬而尊也。領，猶首也，率也。因有父兄之尊而設教，且為之倡，如族燕以齒之屬。

子曰：「立愛自親始，教民睦也。立教自長始，教民順也。教以慈睦，而民貴有親；教以敬長，而民貴用命。孝以事親，順以聽命，錯諸天下，無所不行。」

睦，和厚也，此亦承上而言。

郊之祭也，喪者不敢哭，凶服者不敢入國門，敬之至也。

吉凶不相干，所以為敬也，此因上言享帝而更及之。

祭之日，君牽牲，穆答君，卿大夫序從。既入廟門，麗於碑，卿大夫袒，而毛牛尚耳，鸞刀以刲，取膟膋，乃退。爓祭，祭腥而退，敬之至也。

此又言享親也。祭，祭宗廟也。穆，謂子姓。父為昭則子為穆，以君為昭，故以穆為子姓也。答，對也，言共君牽牲也。麗，猶繫也。碑當庭，在兩階間之南，以石為之。毛牛尚耳，以耳毛為尚也。毛牛以告全尚耳，若神聽之刲割也。膟，血祭也。膋，腸間脂也。詩執其鸞刀，以啟其毛，取其血膋是也。爓祭，祭腥，祭爓肉，腥肉也。湯肉曰爓，即禮運執其醢也。腥肉，即禮運腥其俎也。

郊之祭，大報天而主日，配以月。夏后氏祭其闇，殷人祭其陽，周人祭日，以朝及闇。

主日之祭，乃冬日至祀天於圜丘，言郊非也。已詳郊特牲。傳云：自外至者，無主不止。有主必有配，故配以月，以天象莫著明於日月也。闇，謂日未出時，陽正南方也。獨言祭日，以日為主故也。朝，日初出也。及闇，及日入也。蓋冬日至祀天，而山川大之神無不從祀，其禮甚繁。周官大司樂：若樂六變，則天神皆降，可得而禮。必其可得而禮，然後得而祀之。

祭日於壇，祭月於坎，以別幽明，以制上下。

此說亦欠別白。蓋壇者地上圜丘，壙者澤中方丘。祭日於壇，即冬日至主日而配以月。祭月於坎，當謂夏日至祭地示。然月乃大神，無緣入地示之祭。若夏日至，當是主明水，配以明火耳。明水火雖亦日月之精，然已有質而著於地，則當為地示之主配矣。明水火視水火為明，而視日月則為幽，故曰以別幽明。上者壇在地上，下者澤在坎中，故曰以制上下。蓋記者以明水取於月，故直以月當之。

祭日於東，祭月於西，以別外內，以端其位。

此則謂日月之正祭，春秋分之專祀也，與上冬夏至之主配異。東，東郊之兆；西，西郊之兆。外，謂東西郊，在郭外；內，謂圜方丘，在國中。別外內者，日月之正祭，其兆在國外，別於為天神之主配在國中也。端，正也。位，東西兆位。言端其位，見主配，非正位也。

日出於東，月生於西。陰陽長短，終始相巡，以致天下之和。

出，直出也。生，謂月魄生光以漸也。晝為陽，夜為陰，陽長陰消則晝長

夜短，陰長陽消則夜長晝短也。終謂晦，一月交會之終也。始謂朔，日月既會而更始也。巡如巡守之巡，謂每月終而復始，以巡十二辰而周天也。致天下之和，絪縕化醇而百物生也。

天下之禮，致反始也，致鬼神也，致和用也，致義也，致讓也。致反始，以厚其本也；致鬼神，以尊上也；致物用，以立民紀也。致義，則上下不悖逆矣。致讓，以去爭也。合此五者，以治天下之禮也，雖有奇邪，而不治者則微矣。

禮莫重於祭，而祭之義不外於五者，致行而至之也。萬物本乎天，人本乎祖，故祭以享帝享親，莫非反始以厚本也。曲成萬物而不遺者，皆其形而上者也。故祭必先鬼神，示可得而禮，莫非格之以尊在上者也。物用如服物采章之用，用之以祭而得其宜，即和用也。物用致而和，即尊卑上下之分定，所以立民紀也。民紀立則義致矣，致義而分無不定，自無悖逆矣。不悖逆且義自無不讓，讓致而爭心乃去也。奇無常也，邪不正也，微少也。

宰我曰：「吾聞鬼神之名，而不知其所謂。」子曰：「氣也者，神之盛也；魄也者，鬼之盛也；合鬼與神，教之至也。

凡物之成，有形氣，又有魂魄。氣魂屬天，形魄屬地。屬天者，氣為陽，魂為陰；屬地者，形為實，魄構虛。鬼神之謂，本以其無形而近於氣者言也。故魂與氣皆神，而氣為神之盛；形與魄皆見，而魄為鬼之盛。盛之云者，以其視魂形加靈而能有作用也。然神也者，伸也，伸而上也；鬼也者，歸也，歸而下也。鬼與神合而成物，鬼與神分則或上或下，散而為變，亦無物矣。人能於既散之後，復以他物之氣與聲臭凝聚鬼與神，而合之於漠，此非聖人之教不能使然，故曰教之至也。教之至即祭之義，故引之。

眾生必死，死必歸土：此之謂鬼。骨肉斃於下，陰為野土；其氣發揚於上，為昭明，焄蒿，悽愴，此百物之精也，神之著也。

斃，殘壞也。斃於下陰，不能如氣之升為上陽也。為野土，則并與土化，舉歸之極者言也。昭明以光言，焄蒿以臭言，悽愴以情言。百物之精者，生時聚百物以致養，至於死而所取百物之精猶未遽散，故其光臭。情之發揚在上有如此者，則其神雖若無物，而未嘗不著也。蓋鬼之骨月，其著不待言，故轉以其為野土之化者明之。若神則無物，故又以發揚於上之著者明之也。

因物之精，制為之極，明命鬼神，以為黔首則。百眾以畏，萬民以服。

物之精，即神也。制為之極，制為祭祀之禮，必止於至善之地也。不言歸土之鬼者，慎終之事，至葬而止，骨肉日化而為野土，無可因而制也。明命鬼神，如神號、示號、鬼興，為之正其名而明命之，非虛假也。黔黎，黑也。黔首，猶言黎民，秦謂民為黔首也。則，法也，如尊卑一定之制。畏者凜於義之當然，服者愜於心之同然，謂無不齊明盛服以承之也。

聖人以是為未足也，築為宮室，謂為宗祧，以別親疏遠邇，教民反古復始，不忘其所由生也。眾之服自此，故聽且速也。

以是為未足者，上古之世，雖知有鬼神，設祭祀，而禮猶未備。至唐、虞、三代，乃日加精詳也，築為宮室，如人居之宮室也。宗，祖廟也，為羣主合食之所，其廟制視羣宮加大，即大廟也。祧藏主之所，在室西南隅，即大室之西夾室也。其已毀廟之主，則藏於大室之東夾室。親廟之未毀者，疏廟之已毀者，遠如大祖百世不毀者，邇如禰宮始祔入廟者。古謂先祖，追而祭之，是反古也。始謂我生之初，凡禰宮以上，皆是聽順教命也。

二端既立，報以二禮。建設朝事，燔燎膻薌，見以蕭光，以報氣也。此教眾反始也。薦黍稷，羞肝肺首心，見間以俠甒，加以鬱鬯，以報魄也。教民相愛，上下用情，禮之至也。

二端，氣也，魄也。既立，明命之而有定名也。二禮，朝事，薦事也。朝事，朝踐之事。主祭以下，於祭日之朝，見先祖於其位也。建設者，享鬼本無形可見，聖人特緣人情而為之建設也。天產之臭曰膻，即膟膋也。地產之臭曰薌，即黍稷也。蕭，蒿也。膻薌之燔燎無所著，則猶不能見光，惟合之於蕭，乃非特有臭，而並可因之以見光矣，是報氣之禮也。反始，即上反古復始也。下報魄，亦反始之禮，而以教眾。反始專屬報氣者，氣屬神，較魄為尤著也。黍稷肝肺首心，即百物也，即生時藉之致養以取精者也。然六者之薦羞，生時亦止以養形而已。俠，猶兩也。甒，瓦尊，所以盛醴者。鬱鬯，即醴也，取其芬芳條暢，與魄相召感也。薦粢盛，羞牲物，加醴鬯，本皆有物可見，而其氣之相通，尤不如醴鬯之馨香足以動魄，故牲盛之氣之見，又必間之以甒鬯，乃能報魄也。蓋魄為人形竅之靈，能與百物相交感，故又以諸物為報魄之禮也。民統與祭之人而言，祭祀之終，獻酬交錯，徧至輝胞翟閣，則自主祭者以下，相愛用情，無不周矣，故為禮之至也。然相愛用情，皆止用報魄之物，與報氣無與，故教民之禮至，又專屬報魄也。

君子反古復始，不忘其所由生也，是以致其敬，發其情，竭力從事，以報其親，不敢弗盡也。

致敬發情於內，故能竭力從事於外。報親即上報氣、報魄也。盡謂內盡志、外盡物。

是故昔者天子為藉千畝，冕而朱紘，躬秉耒。諸侯為藉百畝，冕而青紘，躬秉耒，以事天地、山川、社稷、先古，以為醴酪齊盛，於是乎取之，敬之至也。

先古若先聖、先師、先嗇、先禖之屬，皆是不言先祖可知也。醴足以為禮，酪足以為酸，以天子諸侯之尊而躬親之，故曰敬之至。

古者天子、諸侯必有養獸之官，及歲時，齊戒沐浴而躬朝之。犧牷祭牲，必於是取之，敬之至也。

養獸之官，若牧人、充人之屬。歲時，每歲及事時也。躬朝之，親於朝時視擇牲物也。犧，純色也，牷，完好也。

君召牛，納而視之，擇其毛而卜之，吉，然後養之。君皮弁素積，朔月，月半，君巡牲，所以致力，孝之至也。

納視、擇毛、卜吉，皆上文躬親事也。巡，行也。巡牲者，親至牲所展視之，或恐有瘯蠡毀傷也。所以致力者，傳云博碩肥腯，謂民力之普存，見既成民而又致力於神也。

古者天子、諸侯必有公桑、蠶室，近川而為之。築宮仞有三尺，棘牆而外閉之。及大昕之朝，君皮弁素積，卜三宮之夫人世婦之吉者，使入蠶於蠶室，奉種浴於川；桑於公桑，風戾以食之。歲既殫矣，世婦卒蠶，奉繭以示於君，遂獻繭於夫人。夫人曰：「此所以為君服與？」遂副褘而受之，因少牢以禮之。古之獻繭者，其率用此與！及良日，夫人繰，三盆手，遂布於三宮夫人世婦之吉者使繰；遂朱綠之，玄黃之，以為黼黻文章。服既成，君服以祀先王先公，敬之至也。

公桑，種桑之田，猶藉田也。藉千畝者，蓋桑百畝；藉百畝者，蓋桑十畝也。蠶室，養蠶之室。蠶性惡寒，養之必於室也。近川，便浴種也。有室必有宮，以為外圍也。仞有三尺，則高丈餘，防窺伺也。棘牆，加棘牆上，防踰越也。外閉者，以蠶皆婦事，故閽人自外而閉之也。大昕之朝，辰月之朝也。禮：後六宮，夫人三宮。此言三宮之夫人。世婦，謂諸侯也。卜吉者，或有所

避忌，則夫人不與，但使世婦也。戾，至也。蠶又惡濕，桑葉經宿，容有雨露之潤，故必待風至葉乾，然後採而飼之也。單，盡也。自去歲蠶成之後，至今歲蠶期而一周，故謂之歲單，猶言麥秋也，示君告成事也。獻夫人，欲其受之以繰也。夫人副褘，本魯之僭，禮記者仍襲耳。少牢禮之勞，蠶事之成也。古之獻繭率用此，亦統舉不必盡然之詞。良日，宜繰之。日繰三盆，手以湯煮繭，置之於盆，以手淹繭，振出其緒。盆有三，則每盆一淹也。手繰三盆，猶耤之三。推夫人行後事，亦僭禮也。以上四節，三言敬之至，一言孝之至，皆申不敢弗盡之意。

君子曰：禮樂不可斯須去身。致樂以治心，則易直子諒之心，油然生矣。易直子諒之心生則樂，樂則安，安則久，久則天，天則神。天則不言而信，神則不怒而威。致樂以治心者也。致禮以治躬則莊敬，莊敬則嚴威。心中斯須不和不樂，而鄙詐之心入之矣；外貌斯須不莊不敬，而慢易之心入之矣。故樂也者，動於內者也，禮也者，動於外者也。樂極和，禮極順。內和而外順，則民瞻其顏色而不與爭也；望其容貌，而眾不生慢易焉。故德輝動乎內，而民莫不承聽；理發乎外，而眾莫不承順。故曰：致禮樂之道，而天下塞焉，舉而措之無難矣。樂也者，動於內者也；禮也者，動於外者也。故禮主其減，樂主其盈。禮減而進，以進為文；樂盈而反，以反為文。禮減而不進則銷，樂盈而不反則放。故禮有報而樂有反。禮得其報則樂，樂得其反則安。禮之報，樂之反，其義一也。

以下又皆推祭義之原，此原《樂化篇》文，已詳《樂記》。塞，充滿也，言塞乎天下也，語意視《樂記》尤備。

曾子曰：「孝有三：大孝尊親，其次弗辱，其下能養。」

尊，德尊也。德為聖人，則親尊為聖父矣。弗辱，弗辱身也。身弗辱，則親亦無辱矣。養，養志也。菽水盡歡，即養志也。然則雖竭誠備物以祭，猶不過養志而已，而大孝之祭義大矣。

公明儀問於曾子曰：「夫子可以為孝乎？」曾子曰：「是何言與！是何言與！君子之所為孝者：先意承志，諭父母於道。參，直養者也，安能為孝乎？」

公明儀，曾子弟子。未形而迎之為先意，已見而順之為承志。諭，引拔而曲導之也。直猶但也。

　　曾子曰：「身也者，父母之遺體也。行父母之遺體，敢不敬乎？居處不莊，非孝也；事君不忠，非孝也；涖官不敬，非孝也；朋友不信，非孝也；戰陳無勇，非孝也；五者不遂，災及於親，敢不敬乎？亨孰膻薌，嘗而薦之，非孝也，養也。君子之所謂孝也者，國人稱願然曰：『幸哉有子！』如此，所謂孝也已。眾之本教曰孝，其行曰養。養，可能也，敬為難；敬，可能也，安為難；安，可能也，卒為難。父母既沒，慎行其身，不遺父母惡名，可謂能終矣。仁者，仁此者也；禮者，履此者也；義者，宜此者也；信者，信此者也；強者，強此者也。樂自順此生，刑自反此作。」

　　遂，猶成也。稱，口稱之也。願，心願之也。然許其孝也。幸哉，為其父母幸也。安父母之心，安於子之敬而無不適也。卒，終子之身也。此指父母之安與子之能終言。樂自順，此生記所以引樂化篇也。刑自反，此作又極言五刑之屬莫大於不孝也。

　　曾子曰：「夫孝，置之而塞乎天地，溥之而橫乎四海，施諸後世而無朝夕，推而放諸東海而準，推而放諸西海而準，推而放諸南海而準，推而放諸北海而準。《詩》云：『自西自東，自南自北，無思不服。』此之謂也。」

　　置，措也，猶立也。溥，布也。無朝夕，言無輟時也。準猶平也，無不同也，言身行之，則人無不化也。

　　曾子曰：「樹木以時伐焉，禽獸以時殺焉。夫子曰：『斷一樹，殺一獸，不以其時，非孝也。』孝有三：小孝用力，中孝用勞，大孝不匱。思慈愛忘勞，可謂用力矣。尊仁安義，可謂用勞矣。博施備物，可謂不匱矣。父母愛之，嘉而弗忘；父母惡之，懼而無怨；父母有過，諫而不逆；父母既沒，必求仁者之粟以祀之。此之謂禮終。」

　　夫子，孔子也，曾子述其言。匱，乏也。思父母之慈愛，而忌己之勞，則事之必能竭力矣。勤行不懈，盡其在我，故曰用勞。博施濟眾，聖人之事，仁不足以名之。備物致養，達於天下，故曰不匱。禮終，食祿以供祭祀。否則，寧無田不祭，以終其身，不可苟祿求富，乃為能以禮終也。

　　樂正子春下堂而傷其足，數月不出，猶有憂色。門弟子曰：「夫子之足瘳矣，數月不出，猶有憂色，何也？」樂正子春曰：「善如爾之問也！善如爾之問也！吾聞諸曾子，曾子聞諸夫子曰：『天之所生，地之所養，

無人為大。』父母全而生之，子全而歸之，可謂孝矣。不虧其體，不辱其身，可謂全矣。故君子頃步而弗敢忘孝也。今予忘孝之道，予是以有憂色也。壹舉足而不敢忘父母，壹出言而不敢忘父母。壹舉足而不敢忘父母，是故道而不徑，舟而不游，不敢以先父母之遺體行殆。壹出言而不敢忘父母，是故惡言不出於口，忿言不反於身。不辱其身，不羞其親，可謂孝矣。」

無人，無如人也。頃，古傾字，頃步猶側足也。徑步，邪趨疾也。游，浮水行也。反，復也，惡言不出，則忿言不反矣。

昔者，有虞氏貴德而尚齒，夏后氏貴爵而尚齒，殷人貴富而尚齒，周人貴親而尚齒。虞夏殷周，天下之盛王也，未有遺年者。年之貴乎天下，久矣；次乎事親也。

富，謂世有田祿，與後世富賈異。貴，對民之賤者言。四代非相反也，以相救也。貴德之弊至於忘君，故夏則貴爵，貴爵之弊至於也，以相救也。貴德之弊至於忘君，故夏則貴爵，貴爵之弊至於齒，則不易者次乎事親，萬世無弊也。

是故朝廷同爵則尚齒。七十杖於朝，君問則席。八十不俟朝，君問則就之，而弟達乎朝廷矣。

同爵尚齒，老者在上也。席，布席也。

行，肩而不並，不錯則隨。見老者，則車徒辟；斑白者不以其任行乎道路，而弟達乎道路矣。

肩，肩隨也；並，並也。錯，雁行也，車徒辟，凡乘車、徒行者皆避老人也。斑白，髮雜色也。任，所擔持也。

居鄉以齒，而老窮不遺，強不犯弱，眾不暴寡，而弟達乎州巷矣。

老謂耆艾者，窮若鰥獨者。不遺則養之安之，得其道也。巷猶閭也、裏也。

古之道，五十不為甸徒，頒禽隆諸長者，而弟達乎搜狩矣。

古之道，謂周之禮制，記當周末以為古也。甸徒，甸地，徒兵也。周制，軍法起於甸，掌於司馬。隆，加厚也。搜，同搜。

軍旅什伍，同爵則尚齒，而弟達乎軍旅矣。

五人為伍，二伍為什，使相聯屬，周時軍制也。

孝悌發諸朝廷，行乎道路，至乎州巷，放乎搜狩，修乎軍旅，眾以義死之，而弗敢犯也。

義猶正也，結上五節。

祀乎明堂，所以教諸侯之孝也；食三老五更於大學，所以教諸侯之弟也。祀先賢於西學，所以教諸侯之德也；耕藉，所以教諸侯之養也；朝覲，所以教諸侯之臣也。五者，天下之大教也。

祀乎明堂，宗祀文王也。先賢，樂祖也。西學，瞽宗也。餘詳《文王世子》等篇。

食三老五更於大學，天子袒而割牲，執醬而饋，執爵而酳，冕而總干，所以教諸侯之弟也。是故，鄉里有齒，而老窮不遺，強不犯弱，眾不暴寡，此由大學來者也。天子設四學，當入學，而大子齒。

由大學來，言教化之原出自大學也。四學即大學中十二室，分為四方，備歷代之學制也。此又申結上文。

天子巡守，諸侯待於竟。天子先見百年者。八、十九十者東行，西行者弗敢過；西行，東行者弗敢過。欲言政者，君就之可也。

竟，古境字，即疆也，封疆至此竟盡也。不敢過者，遇諸塗，必下車問勞之，雖齊民亦然。若致仕有道德者，經其閭，必就見焉。或居遠而老疾不能行，聞王時巡欲言政者，其國之君就見之，以其言達可也。

壹命齒於鄉里，再命齒於族，三命不齒；族有七十者，弗敢先。

此謂鄉射飲酒也。齒者，以年次立若坐也。三命為上士，諸侯則上卿也。不齒，席於賓東也。不敢先族之七十者，謂既一人舉觶乃入也。雖非族亦然，承齒乎族，故言族耳。特言弗敢先者，言雖貴貴之中，猶寓老老之義也。

七十者，不有大故不入朝；若有大故而入，君必與之揖讓，而後及爵者。

七十者不入朝，謂致仕國老也。大故，若國之大政，當與眾共議者。爵者，在朝之卿大夫士也。

天子有善，讓德於天；諸侯有善，歸諸天子；卿大夫有善，薦於諸侯；士、庶人有善，本諸父母，存諸長老；祿爵慶賞，成諸宗廟；所以示順也。

讓德，如命曰天命，討曰天討也。成諸宗廟，亦示不敢專。

昔者，聖人建陰陽天地之情，立以為《易》。易抱龜南面，天子卷冕北面，雖有明知之心，必進斷其志焉。示不敢專，以尊天也。善則稱人，過則稱己。教不伐以尊賢也。

情如陽奇陰偶，乾健坤順之屬，立以為易，如畫卦繫詞也。易抱龜，易人持卜筮之書也。其人如大卜占人之屬，知來即賢，賢即天之道，皆不可不尊也。此蓋因祭必卜日而言，不敢必神之享，故卜也。

孝子將祭祀，必有齊莊之心以慮事，以具服物，以修宮室，以治百事。及祭之日，顏色必溫，行必恐，如懼不及愛然。其奠之也，容貌必溫，身必詘，如語焉而未之然。宿者皆出，其立卑靜以正，如將弗見然。及祭之後，陶陶遂遂，如將復入然。

如懼不及愛，如懼不及見其所愛者也。奠之，謂酌尊酒奠之。及，酳之屬也。如語焉而未之然，如己有語於親而未見答也。宿者皆出，助祭者事畢而皆去也，如將弗見然。祭畢而不知親之所在，如將失之也。陶陶遂遂，思親無已之容也，如將復入然。謂己亦祭畢出廟，而猶若將復入以求見親也。

是故，愨善不違身，耳目不違心，思慮不違親。結諸心，形諸色，而術省之——孝子之志也。

不違身，即前致愛愨也。不違心，即前必有聞見也。不違親，即前思之而見所齊也。結，誠之固結也。術省，謂如往來於道，時時不釋也。

建國之神位：右社稷，而左宗廟。

神之兆位有定所，莫不有義，故終言之。

禮記卷二十五　祭統

統，緒也，言大端也。此篇語多紕繆，亦陋儒之筆。

凡治人之道，莫急於禮。禮有五經，莫重於祭。夫祭者，非物自外至者也，自中出生於心也；心怵而奉之以禮。是故，唯賢者能盡祭之義。

經，大綱也。五者，吉凶軍賓嘉也。心怵感時而念親也。奉之以禮，則無僭怠之事，而能盡祭之義矣。

賢者之祭也，必受其福。非世所謂福也。福者，備也；備者，百順之名也。無所不順者，謂之備。言：內盡於己，而外順於道也。忠臣以事其君，孝子以事其親，其本一也。上則順於鬼神，外則順於君長，內則以孝於親。如此之謂備。唯賢者能備，能備然後能祭。是故，賢者之祭也：致其誠信與其忠敬，奉之以物，道之以禮，安之以樂，參之以時。明薦之而已矣。不求其為。此孝子之心也。祭者，所以追養繼孝也。孝者畜也。順於道不逆於倫，是之謂畜。

世所謂福，謂受鬼神之庇佑，即求其為也。然百順之名，原不外自求多福，必言不求其為，非祭則受福之道，是深言之而反失者也，非世所謂福也。與不求其為句皆當。剛明薦，猶言齊明以承也。倫，理也。

是故，孝子之事親也，有三道焉：生則養，沒則喪，喪畢則祭。養則觀其順也，喪則觀其哀也，祭則觀其敬而時也。盡此三道者，孝子之行也。

順謂養志承歡，又諭之於道也。

既內自盡，又外求助，昏禮是也。故國君取夫人之辭曰：「請君之玉

女與寡人共有敝邑，事宗廟社稷。」此求助之本也。夫祭也者，必夫婦親之，所以備外內之官也；官備則具備。水草之菹，陸產之醢，小物備矣；三牲之俎，八簋之實，美物備矣；昆蟲之異，草木之實，陰陽之物備矣。凡天之所生，地之所長，苟可薦者，莫不咸在，示盡物也。外則盡物，內則盡志，此祭之心也。

玉女，尊之之詞，具所當共之物也。水艸之菹，芹茆之屬。陸產之醢，兔雁之屬。簋，周盛黍稷之器。天子用八詩，陳饋八簋是也。昆蟲，溫生寒死之蟲。艸木之實，菱芡榛栗之屬。凡天產皆陽物，凡地產皆陰物也。

是故，天子親耕於南郊，以共齊盛；王后蠶於北郊，以共純服。諸侯耕於東郊，亦以共齊盛；夫人蠶於北郊，以共冕服。天子諸侯非莫耕也，王后夫人非莫蠶也，身致其誠信，誠信之謂盡，盡之謂敬，敬盡然後可以事神明，此祭之道也。

純，絲也，冕服即純服。言所共者祭服，非謂冕亦純也，冕自以麻為之。

及時將祭，君子乃齊。齊之為言齊也。齊不齊以致齊者也。是以君子非有大事也，非有恭敬也，則不齊。不齊則於物無防也，嗜欲無止也。及其將齊也，防其邪物，訖其嗜欲，耳不聽樂。故記曰：「齊者不樂」，言不敢散其志也。心不苟慮，必依於道；手足不苟動，必依於禮。是故君子之齊也，專致其精明之德也。故散齊七日以定之，致齊三日以齊之。定之之謂齊。齊者精明之至也，然後可以交於神明也。

無防無止，不可為訓。必至齊而後防其邪物，訖其嗜欲，則其所防訖幾何，尚足以致齊乎？是故君子起至是故君子之齊也八十五字，俱當剛定之之謂齊，則齊亦必以漸，故先散齊七日也。

是故，先期旬有一日，宮宰宿夫人，夫人亦散齊七日，致齊三日。君致齊於外，夫人致齊於內，然後會於大廟。君純冕立於阼，夫人副褘立於東房。君執圭瓚祼尸，大宗執璋瓚亞祼。及迎牲，君執紖，卿大夫從士執紖。宗婦執盎從夫人薦涗水。君執鸞刀羞嚌，夫人薦豆，此之謂夫婦親之。

宮宰，如天子之內宰。宿，告戒也。外內各於其外，內之齊宮也。蓋以正寢之列室為之。夫人而褘，國君而祼以圭瓚，皆本魯之僭禮，燕兼大宗，容攝夫人也。紖，牛鼻繩，周官作紖。涗水，明水以涗齊者。嚌，嚌肺之屬。餘俱見禮器、郊特牲、祭義。

　　及入舞，君執干戚就舞位，君為東上，冕而總干，率其群臣，以樂皇尸。是故天子之祭也，與天下樂之；諸侯之祭也，與竟內樂之。冕而總干，率其群臣，以樂皇尸，此與竟內樂之之義也。

　　舞位，綴兆之位也。東上，於羣舞位居東上也。君為主，羣臣從之，皆就舞位而舞也。必君親之者，天子必張皇六師，諸侯必敵王所愾，然後可以事其先，而樂其天下竟內也。

　　夫祭有三重焉：獻之屬，莫重於祼，聲莫重於升歌，舞莫重於《武宿夜》，此周道也。凡三道者，所以假於外而以增君子之志也，故與志進退；志輕則亦輕，志重則亦重。輕其志而求外之重也，雖聖人弗能得也。是故君子之祭也，必身自盡也，所以明重也。道之以禮，以奉三重，而薦諸皇尸，此聖人之道也。

　　凡正獻，皆依命數。天子宗廟之中，正獻十二，其祼獻有四。升歌，人聲也。清廟諸詩，皆升堂之正歌也。武，大武也。宿夜，亦大武之舞。書傳云：武王伐紂，至商郊，停止宿夜，士卒皆歡樂歌舞以待旦，因以名舞。即冕而總干之舞也。三重以時所尚言，三道以人所行言，其實一也。

　　夫祭有餕；餕者祭之末也，不可不知也。是故古之人有言曰：「善終者如始。」餕其是已。是故古之君子曰：「尸亦餕鬼神之餘也，惠術也，可以觀政矣。」是故尸謖，君與卿四人餕。君起，大夫六人餕；臣餕君之餘也。大夫起，士八人餕；賤餕貴之餘也。士起，各執其具以出，陳於堂下，百官進，徹之，下餕上之餘也。

　　末，猶餘也。祭之末者，謂祭鬼神所享之餘也。尸亦餕鬼神之餘，謂先薦毛血燔燎於神，而後薦熟尸乃食也。惠，恩澤也。術，猶法也。謖，坐而起也。君以下皆不坐。百官統百執事而言，不必皆有爵，故云下也。進徹，趨進餕餘而又徹也。

　　凡餕之道，每變以眾，所以別貴賤之等，而興施惠之象也。是故以四簋黍見其修於廟中也。廟中者竟內之象也。祭者澤之大者也。是故上有大澤則惠必及下，顧上先下後耳。非上積重而下有凍餒之民也。是故上有大澤，則民夫人待於下流，知惠之必將至也，由餕見之矣。故曰：「可以觀政矣。」

　　興，起也。初餕者貴而人少，後餕者賤而人多，皆先上而後下，施惠之道亦然，故云象也。諸侯之祭，當有六簋，今云四簋，以二簋留為改設之祭也。

簋兼黍稷，止言黍者，舉其美而稷亦可知也。修，猶行也。積重，言積之多而壅也。夫人，猶人人也。

夫祭之為物大矣，其興物備矣。順以備者也，其教之本與？是故，君子之教也，外則教之以尊其君長，內則教之以孝於其親。是故，明君在上，則諸臣服從；崇事宗廟社稷，則子孫順孝。盡其道，端其義，而教生焉。

為物猶為事也，興物猶用物也，然詞俱欠別白。道即三重諸道也。義即尊君孝親之義也。端，正明之也。

是故君子之事君也，必身行之，所不安於上，則不以使下；所惡於下，則不以事上；非諸人，行諸己，非教之道也。是故君子之教也，必由其本，順之至也，祭其是與？故曰：祭者，教之本也已。

本言國君之祀事，而及君子之事君者，以國中人莫尊於君，惟在廟中，則君亦為先君之臣子，所謂身行之者，事尸之禮同於事君也。蓋必能事人，然後能使人，故云。

夫祭有十倫焉；見事鬼神之道焉，見君臣之義焉，見父子之倫焉，見貴賤之等焉，見親疏之殺焉，見爵賞之施焉，見夫婦之別焉，見政事之均焉，見長幼之序焉，見上下之際焉。此之謂十倫。

十倫，猶言十件大義也。

鋪筵設同几，為依神也；詔祝於室，而出於祊，此交神明之道也。

同之言調也。祭以其妃配，不二尸，是同几也。依神者，夫婦精氣合以一尸兼也。詔，告也。祝，祝也。既詔祝之於室，而又索神於祊，統祭之終始而言。言求神之備，即郊特牲於彼於此之意也。交神明之道，不知其所在，當無所不求也。

君迎牲而不迎尸，別嫌也。尸在廟門外，則疑於臣，在廟中則全於君；君在廟門外則疑於君，入廟門則全於臣、全於子。是故，不出者，明君臣之義也。

尸，神象也。疑於巨，未正神位也。神之尊常在廟中，君之尊出廟門則伸。不迎尸，所以全尸之尊，全己之卑，使無疑也。

夫祭之道，孫為王父尸。所使為尸者，於祭者子行也；父北面而事之，所以明子事父之道也。此父子之倫也。

行，猶列也。子行，必同姓之嫡也。北面者，祭有朝踐之獻，謂尸入踐位。凡與祭者，朝見之，如臣之朝君也。

尸飲五，君洗玉爵獻卿；尸飲七，以瑤爵獻大夫；尸飲九，以散爵獻士及群有司，皆以齒。明尊卑之等也。

尸飲者，獻尸而尸飲也。天子正獻十二，此止九飲，蓋以魯用上公之禮故也。獻卿以玉爵，亦僭也。凡卿以下之獻，皆非正獻，正獻皆主獻尸也。此飲與獻，又恐似繹祭禮。若正祭，則天子旅酬，始及六尸，何暇獻及卿大夫士，且及羣有司乎？總之，十倫之說，已屬支離，而措詞又雜沓無序，讀者亦姑節取近理之句，不可盡憑也。

夫祭有昭穆，昭穆者，所以別父子、遠近、長幼、親疏之序而無亂也。是故，有事於大廟，則群昭群穆咸在而不失其倫。此之謂親疏之殺也。

有事於大廟，謂祫祭也。羣昭、羣穆，如大玉之昭、王季之穆。

古者，明君爵有德而祿有功，必賜爵祿於大廟，示不敢專也。故祭之日，一獻，君降立於阼階之南，南鄉。所命北面，史由君右執策命之。再拜稽首。受書以歸，而舍奠於其廟。此爵賞之施也。

祭用一獻，蓋特告之禮，非祫祭也。意者禘與祠、礿，其獻數各不同，或有用一獻者，然無可考。舍，舍爵也。奠，奠冊命也。其廟，所命之家廟也。舍奠以告廟，榮君之爵祿也。

君卷冕立於阼，夫人副褘立於東房。夫人薦豆執校，執醴授之執鐙。尸酢夫人執柄，夫人受尸執足。夫婦相授受，不相襲處，酢必易爵。明夫婦之別也。

校，豆中央直者也。執醴，授醴之人，亦宗婦也。鐙，豆下跗也。柄，亦謂爵足之中央直者。蓋爵之授受，非特異足也，不襲處。如特牲饋食禮：主婦致爵於主人，席於戶內；主人致爵於主婦，席於房中，南面也。夫人薦與尸酢四句，與夫婦之別無涉。且物之授受，兩手相交，豈能襲處？若男女相授受，又當置之而後取之。授尸之授，或當作受。然此節詞意，亦俱未妥協。

凡為俎者，以骨為主。骨有貴賤；殷人貴髀，周人貴肩，凡前貴於後。俎者，所以明祭之必有惠也。是故，貴者取貴骨，賤者取賤骨。貴者不重，賤者不虛，示均也。惠均則政行，政行則事成，事成則功立。

功之所以立者，不可不知也。俎者，所以明惠之必均也。善為政者如此，故曰：見政事之均焉。

貴髀，為其厚也；貴肩，為其顯也。前貴於後，謂脊脅臂臑之屬，周貴肩之制也。

凡賜爵，昭為一，穆為一。昭與昭齒，穆與穆齒，凡群有司皆以齒，此之謂長幼有序。

一，一行也。昭穆之齒，謂諸父兄弟之燕也。羣有司之齒，謂繼士之後而獻者。凡賜爵，即少牢、特牲之獻，以其非子姓，即羣臣與大夫、士之異姓為賓，同姓為兄弟，皆己之同列異，故以賜爵名也。此亦繹祭之事。

夫祭有畀輝胞翟閽者，惠下之道也。唯有德之君為能行此，明足以見之，仁足以與之。畀之為言與也，能以其餘畀其下者也。輝者，甲吏之賤者也；胞者，肉吏之賤者也；翟者，樂吏之賤者也；閽者，守門之賤者也。古者不使刑人守門，此四守者，吏之至賤者也。尸又至尊；以至尊既祭之末，而不忘至賤，而以其餘畀之。是故明君在上，則竟內之民無凍餒者矣，此之謂上下之際。

輝，考工記作韗。周官習甲職，文闕。輝為甲吏而得與祭末，豈以君之總干亦必衣甲，而輝主授甲斂甲與？其以輝名官，抑或甲貴舉之而豐則明，亦一義也。胞、庖、翟、狄，本皆通。守門，守廟之中門也。古者即周初制禮時墨者守門，謂凡苑囿之屬之門，非朝廟之門也。

凡祭有四時：春祭曰礿，夏祭曰禘，秋祭曰嘗，冬祭曰烝。礿、禘，陽義也；嘗、烝，陰義也。禘者陽之盛也，嘗者陰之盛也。故曰：莫重於禘、嘗。古者於禘也，發爵賜服，順陽義也；於嘗也，出田邑，發秋政，順陰義也。故記曰：「嘗之日，發公室，示賞也；草艾則墨；未發秋政，則民弗敢草也。」

周制春祠夏礿，此云春礿夏禘，非也，已詳王制。陰陽之義亦鑿，已詳郊特牲。發爵，猶命爵也，出田邑賜采地也。秋政，蓋省斂斷刑之屬。發公室，蓋猶發倉廩府庫之類。艾同刈草，艾者，秋時艸之說，非周制也，已詳月令。

故曰：禘、嘗之義大矣。治國之本也，不可不知也。明其義者君也，能其事者臣也。不明其義，君人不全；不能其事，為臣不全。夫義者，

所以濟志也，諸德之發也。是故其德盛者，其志厚；其志厚者，其義章。其義章者，其祭也敬。祭敬則竟內之子孫莫敢不敬矣。是故君子之祭也，必身親涖之；有故，則使人可也。雖使人也，君不失其義者，君明其義故也。其德薄者，其志輕，疑於其義，而求祭；使之必敬也，弗可得已。祭而不敬，何以為民父母矣？

禘嘗之義見中庸，蓋聖門弟子皆習其說，故記亦引之。全，猶具也。濟，成也。發，如機發也。竟內必言子孫以祭，為事祖先故也。

夫鼎有銘，銘者，自名也。自名以稱揚其先祖之美，而明著之後世者也。為先祖者，莫不有美焉，莫不有惡焉，銘之義，稱美而不稱惡，此孝子孝孫之心也。唯賢者能之。銘者，論譔其先祖之有德善，功烈勳勞慶賞聲名列於天下，而酌之祭器；自成其名焉，以祀其先祖者也。顯揚先祖，所以崇孝也。身比焉，順也。明示後世，教也。

銘，謂書刻之以為識也。自名，非也。凡銘者，或書其事，且表其人，惟君襃其臣與子孫，稱揚先祖則可。銘以自伐，非禮也。莫不有惡，尤不詞。天下豈無全人，而為子孫者乃謂其先祖莫不有惡，可乎？酌，蓋謂斟酌其美之大小輕重而為之詞也，然文義亦未協。祭器如鍾鼎之屬，自成其名，則非稱揚先祖矣，何以祀先祖乎？語亦大謬。比，猶與也，言己亦與有榮焉爾。

夫銘者，壹稱而上下皆得焉耳矣。是故君子之觀於銘也，既美其所稱，又美其所為。為之者，明足以見之，仁足以與之，知足以利之，可謂賢矣。賢而勿伐，可謂恭矣。

稱，謂楊先祖之美也。上下皆得，謂既崇孝，又順且教也。美其所稱，美先祖有是善也。美其所為，美作銘者能以實錄，不誣其祖也。先祖有善而不知，不明也。知而不傳，不仁也。然傳而或失其實，則亦不智也。利，猶遂也，言能成先祖之美名也。

故衛孔悝之鼎銘曰：六月丁亥，公假於大廟。公曰：「叔舅！乃祖莊叔，左右成公。成公乃命莊叔隨難於漢陽，即宮於宗周，奔走無射。啟右獻公。獻公乃命成叔，纂乃祖服。乃考文叔，興舊耆欲，作率慶士，躬恤衛國，其勤公家，夙夜不解，民咸曰：『休哉！』」公曰：「叔舅！予女銘：若纂乃考服。」悝拜稽首曰：「對揚以辟之，勤大命施於烝彝鼎。」此衛孔悝之鼎銘也。古之君子論譔其先祖之美，而明著之後世者也。以比其身，以重其國家如此。子孫之守宗廟社稷者，其先祖無美而稱之，

是誣也；有善而弗知，不明也；知而弗傳，不仁也。此三者，君子之所恥也。

孔悝，衛大夫。公，莊公蒯聵也。六月，魯哀公十六年六月也。孔悝於是被逐，命後即逐之也。假，至也。莊叔，悝七世祖。孔，達也。成公，名鄭，莊公六世祖也。隨難漢陽，魯僖公二十八年出奔楚也。即宮宗周。是年，晉人執歸京師，置深室也。獻公，名衎，成公曾孫。成叔，莊叔孫成子。烝，鉏也。文叔，成叔曾孫文子。圉也。耆，致也。興舊耆欲，言興起舊勳而致其所欲效於國也。子女銘，言子賜汝銘也。慶卿，古通作率。慶主，言為諸臣唱也。對，答也。揚，宣布之也。辟，君也。勤，勞勤也。成公、獻公、莊公皆以出奔反國，孔民世有功焉。莊公念其勤而賜之銘，故云以辟之。勤，大命也。施，勒之也。烝彝鼎，烝祭之彝鼎也。記無他銘可稱，而引孔悝，亦陋。

昔者，周公旦有勳勞於天下。周公既沒，成王、康王追念周公之所以勳勞者，而欲尊魯；故賜之以重祭。外祭，則郊社是也；內祭，則大嘗禘是也。夫大嘗禘，升歌《清廟》，下而管《象》；朱干玉戚，以舞《大武》；八佾，以舞《大夏》；此天子之樂也。康周公，故以賜魯也。子孫纂之，至於今不廢，所以明周公之德而又以重其國也。

此說非也。周公之功雖大，乃人臣之職康，周公不過以功作元祀止矣，豈可以僭天子之禮樂乎？以僭禮尊之，適使之不康也。魯之僭，本東周以後，周室既卑，魯之君臣日以侈妄之所致。成王、康王之賜，別無明文，此記多鄙陋妄說，不足據也。嘗社之祭，皆魯所當用，大乃僭耳。社不言大，而以為重祭，亦非。

禮記卷二十六　經解

易卦有經有別，故易有上經、下經之名，餘則書本歷代之史，禮書亦掌於史，詩即樂章、樂德、樂語、樂舞，名雖不同，而要以詩為主，春秋又為聖人所自作。此記乃槩以六者為經，而首託孔子曰為之解析其得失，所言豈可盡信？蓋聖門弟子皆以六者相傳習，而人之性學不同，有深有失，故記特詳之，使學者因以自審耳。後又歸重天子，且終之以禮，則與篇名經解之意復不相貫，記者聊附之以成篇耳。

孔子曰：「入其國，其教可知也。其為人也：溫柔敦厚，《詩》教也；疏通知遠，《書》教也；廣博易良，《樂》教也；潔靜精微，《易》教也；恭儉莊敬，《禮》教也；屬辭比事，《春秋》教也。

自孔子以六者設教，其後門弟子散於天下，各以所傳相授受，而學者靡然向而化之，故入其國而其教可知。蓋孔子雖不得位，而其教已入人深也。溫柔者，氣溫而質柔也。敦厚，言其性情加厚也。蓋詩以道志，然無論頌美刺譏，其詞旨皆歸於忠厚，故習之者人如之也。疏通者，於人所未明皆能開達也，既疏通則近無所蔽，雖至遠者亦可知矣。蓋書以道事，習之而凡事省有舊章。易，率循也。廣，寬也。博，大也。易，不難也。良，無不善也。蓋樂以道和，故人之意思充暢，無不適也。絜，不污也。靜，不淆也。精，不粗也。微，不露也。蓋易以道象，故人能識陰陽之本，而近於知幾也。恭，不侮人。儉，不奪人。莊，以貌言。敬，以心言。蓋禮以道行，故人皆習於威儀容止也。屬，聯合也。比，次比也。因其詞之異同，而比例其事之是非也。蓋春秋以道名分，故人皆知因名核實，而不失其倫也。

故《詩》之失，愚；《書》之失，誣；《樂》之失，奢；《易》之失，賊；《禮》之失，繁；《春秋》之失，亂。

言之失者，六者非有失，學之不善，而自致其失也。愚者，厚有餘而智不足也。誣者，古今時勢不同，而強作解事，則盡信書，不如無書也。奢者，和而不節，且流蕩無繩檢也，賊害也，拘於陰陽象數，反以禨祥小術害大道也。煩者，倫理不明，則節文無序，徒多煩擾也。亂者，未識其義，而泥文以分條例，終無所折衷也。

其為人也：溫柔敦厚而不愚，則深於《詩》者也；疏通知遠而不誣，則深於《書》者也；廣博易良而不奢，則深於《樂》者也；潔靜精微而不賊，則深於《易》者也；恭儉莊敬而不煩，則深於《禮》者也；屬辭比事而不亂，則深於《春秋》者也。」

深者，得其益而無蔽也。

天子者，與天地參。故德配天地，兼利萬物，與日月並明，明照四海而不遺微小。其在朝廷，則道仁聖禮義之序；燕處，則聽雅、頌之音；行步，則有環佩之聲；升車，則有鸞和之音。居處有禮，進退有度，百官得其宜，萬事得其序。《詩》云：「淑人君子，其儀不忒。其儀不忒，正是四國。」此之謂也。

此以下與經解無涉。蓋六經之教，師儒道學之事，士雖為四民之首，而其化止在於一鄉一里，必推本於天子，以德位道齊之，而後其治可徧天下，故以此下附之也。道，言也。環，還。旋，古通。周旋折旋中度，則佩玉聲和也。

發號出令而民說，謂之和；上下相親，謂之仁；民不求其所欲而得之，謂之信；除去天地之害，謂之義。義與信，和與仁，霸王之器也。有治民之意而無其器，則不成。

上節以道民言，此以治民言。義、信、和、仁，皆存乎禮，故下文止言禮也。

禮之於正國也：猶衡之於輕重也，繩墨之於曲直也，規矩之於方圓也。故衡誠縣，不可欺以輕重；繩墨誠陳，不可欺以曲直；規矩誠設，不可欺以方圓；君子審禮，不可誣以奸詐。是故，隆禮由禮，謂之有方之士；不隆禮、不由禮，謂之無方之民。敬讓之道也。故以奉宗廟則敬，

以入朝廷則貴賤有位，以處室家則父子親、兄弟和，以處鄉里則長幼有序。孔子曰：「安上治民，莫善於禮。」此之謂也。

衡，稱也。縣，謂錘也。陳設，謂彈畫也。誠，猶審也。隆禮尊之，以為民表也。由禮行之，以為民範也。方，猶所也。如物之則，心之矩也。此引孔子，即孝經文。

故朝覲之禮，所以明君臣之義也。聘問之禮，所以使諸侯相尊敬也。喪祭之禮，所以明臣子之恩也。鄉飲酒之禮，所以明長幼之序也。昏姻之禮，所以明男女之別也。夫禮，禁亂之所由生，猶坊止水之所自來也。故以舊坊為無所用而壞之者，必有水敗；以舊禮為無所用而去之者，必有亂患。

禮之用，各有所主，故雖舊不可廢也。蓋自三代來，未嘗無損益，然其大倫人要，自百世可知，去之則亂患生矣。

故昏姻之禮廢，則夫婦之道苦，而淫辟之罪多矣。鄉飲酒之禮廢，則長幼之序失，而爭鬥之獄繁矣。喪祭之禮廢，則臣子之恩薄，而倍死忘生者眾矣。聘覲之禮廢，則君臣之位失，諸侯之行惡，而倍畔侵陵之敗起矣。

苦，不和順也。倍畔以君臣言，侵陵以鄰國言。言明光朝覲，本之廟堂，自上而下之序也。言廢先昏姻，始於衽席，自內而外之序也。

故禮之教化也微，其止邪也於未形，使人日徙善遠罪而不自知也。是以先王隆之也。《易》曰：「君子慎始，差若毫釐，繆以千里。」此之謂也。

引易不言傳，今皆無此文，恐是易緯。如記中所載本多荀卿語，則經教得失之論雖非無所受，要皆為西漢人雜集成記無疑。

禮記卷二十七　哀公問

　　哀公問於孔子曰：「大禮何如？君子之言禮，何其尊也？」孔子曰：「丘也小人，不足以知禮。」君曰：「否！吾子言之也。」孔子曰：「丘聞之：民之所由生，禮為大。非禮無以節事天地之神也，非禮無以辨君臣上下長幼之位也，非禮無以別男女父子兄弟之親、昏姻疏數之交也；君子以此之為尊敬然。

　　禮之所尊，尊其義也；節事，以差次事之也；天地之神，統兩間天社、地示、人鬼之大祀小祀而言。

　　然後以其所能教百姓，不廢其會節。有成事，然後治其雕鏤文章黼黻以嗣。其順之，然後言其喪算，備其鼎俎，設其豕臘，修其宗廟，歲時以敬祭祀，以序宗族。即安其居，節醜其衣服，卑其宮室，車不雕幾，器不刻鏤，食不貳味，以與民同利。昔之君子之行禮者如此。」

　　所能，即上節事辨別之禮也。以所能教百姓，以身教也。會，聚也。節，止也。會節，禮之大分也。成事，成效也。教之而不廢，則有成效矣。嗣，繼也。雕鏤黼黻文章，所以飾為曲禮者也。順，謂人皆安之而不違也。算，數也。居節，燕居之節度也。統下五句而言。醜，猶惡也。君必先節儉，然後可與民同利而上下俱足，此哀公所短也。

　　公曰：「今之君子胡莫行之也？」孔子曰：「今之君子，好實無厭，淫德不倦，荒怠傲慢，固民是盡，午其眾以伐有道；求得當欲，不以其所。昔之用民者由前，今之用民者由後。今之君子莫為禮也。」

　　今之君子，統當時諸侯而言。實，貨財也。淫，過也，謂汰侈也。淫德，

以淫為德也，猶言凶德、惡德。固，專固也。固民，是盡務盡民之財力而後已也。午，逆也。當，猶稱也。所，正道也。由，從也。前，如上節所言；後，即好實以下也。

孔子侍坐於哀公，哀公曰：「敢問人道誰為大？」孔子愀然作色而對曰：「君之及此言也，百姓之德也！固臣敢無辭而對？人道，政為大。」公曰：「敢問何謂為政？」孔子對曰：「政者正也。君為正，則百姓從政矣。君之所為，百姓之所從也。君所不為，百姓何從？」

侍坐，命而侍坐也。自此至終，皆侍坐之言。愀然，變動貌。作，猶動也。德，猶福也。言雖未及行，而百姓已受賜也。固臣，固陋之臣自謙也。辭，讓也。凡君問必先讓，如上言不足知禮是也。以此言德及百姓，則事大故，略小節，不敢讓也。為正，以正為己務也。

公曰：「敢問為政如之何？」孔子對曰：「夫婦別，父子親，君臣嚴。三者正，則庶物從之矣。」公曰：「寡人雖無似也，願聞所以行三言之道，可得聞乎？」孔子對曰：「古之為政，愛人為大；所以治愛人，禮為大；所以治禮，敬為大；敬之至矣，大昏為大。大昏至矣！大昏既至，冕而親迎，親之也。親之也者，親之也。是故，君子興敬為親；舍敬，是遺親也。弗愛不親；弗敬不正。愛與敬，其政之本與！」

庶物，猶眾事也。無似，猶言不肖也。治，猶辦也，行也。夫婦為父子君臣之始，故禮之敬莫大於大昏也。大昏，天子娶後之禮。大昏至矣者，大昏為敬之至也。親之，謂禮當躬親也。家語作親迎者，敬之至也。末親之當作敬之，傳屬誤耳。興，起也。興敬，謂冕而親迎於婦家也。不冕不親迎，是舍敬也，舍敬則失親愛之義矣。愛生於敬，親生於正，正即冕而親迎為禮之正也。

公曰：「寡人願有言。然冕而親迎，不已重乎？」孔子愀然作色而對曰：「合二姓之好，以繼先聖之後，以為天地宗廟社稷之主，君何謂已重乎？」

已猶太也，怪親迎。服，祭服也。魯之先周公出自文王，故云先聖。主，祭主也。宗廟之中則有主婦、后、夫人，雖不與外祭，猶掌內政。治，祭服也。言天地者，親迎之禮自天子下達，無貴賤一也。哀公視昏禮為宴昵之私，故舉其重者言之，非告公以僭也。

公曰：「寡人固！不固，焉得聞此言也。寡人欲問，不得其辭，請少

進！」孔子曰：「天地不合，萬物不生。大昏，萬世之嗣也，君何謂已重焉！」

欲問，心也；不得其詞，口不能言也；少進，請教也；合猶交也。

孔子遂言曰：「內以治宗廟之禮，足以配天地之神明；出以治直言之禮，足以立上下之敬。物恥足以振之，國恥足以興之。為政先禮。禮，其政之本與！」

遂言，因公請少進而遂詳言之也。內，謂在國中宗廟之禮。祭，事也。配天地之神明，如君在阼，夫人在房，此陰陽之分，夫婦之位也。出，謂臨臣下及交接鄰國。直言，謂名正言順也。不親迎，則必至以妾為妻。哀公欲以妾為夫人，則固無其禮也。立上下之敬，如言君夫人、寡小君，必名稱其實，乃足以立敬也。物，猶事也。物恥，一言一動之恥也。振，救也。國恥，見辱鄰國之恥也。如哀公內偪於三桓，外屈於強人，皆由溺於嬖幸，不知禮而動作多妄之故也。

孔子遂言曰：「昔三代明王之政，必敬其妻子也，有道。妻也者，親之主也，敢不敬與？子也者，親之後也，敢不敬與？君子無不敬也，敬身為大。身也者，親之枝也，敢不敬與？不能敬其身，是傷其親；傷其親，是傷其本；傷其本，枝從而亡。三者，百姓之象也。身以及身，子以及子，妃以及妃，君行此三者，則愾乎天下矣，大王之道也。如此，國家順矣。」

冕而親迎，下女之道，所以敬妻也；冠於阼階，著代之道，所以敬子也。親之主者居室，以妻為內主也；親之後者似續，以子為傳後也。父子繼世，猶木之有本而後有枝也。父以子為枝，則子以父為本，故己不能敬身，即為傷親之枝。非特傷親之枝，並於子為傷其本；非特傷子之本，並子亦從之而不能復存，以子為己之枝也。象，像也，言身與妻子，百姓所則而象也。及，及百姓也。妃，匹也，言與己為配，不可褻而卑也。愾，言心氣相感通也。大王為周初創業垂統之人，故引之以為法也。國家順者，於事無所違逆，以家齊國治，必始於修身也。

公曰：「敢問何謂敬身？」孔子對曰：「君子過言，則民作辭；過動，則民作則。君子言不過辭，動不過則，百姓不命而敬恭，如是，則能敬其身；能敬其身，則能成其親矣。」

君之言動，雖過民猶稱法之，以君為民表所視傚故也。傳言三桓患公之妄，則公之過言過動必多，故切告之。不過詞，言所當言也；不過，則動所當動也。不命而敬恭，即篤恭而天下平之氣象，其要不外於敬身而已。

公曰：「敢問何謂成親？」孔子對曰：「君子也者，人之成名也。百姓歸之名，謂之君子之子。是使其親為君子也，是為成其親之名也已！」

天子諸侯成君之名，孤卿大夫士成子之名，以爵名也。無其爵而可以君國子民者，亦稱君子，以德名也。爵又以德為成名也。

孔子遂言曰：「古之為政，愛人為大。不能愛人，不能有其身；不能有其身，不能安土；不能安土，不能樂天；不能樂天，不能成其身。」

有，猶保也。此又為公切言之也。蓋哀公之時，民不知君數世矣，非有愛人之心大信於民，將有不能保其身之患。安土者，隨所遇而安也；樂天者，修身以俟命也。哀心但憂用之不足，而不知百姓之不足，則不能愛人矣。至不忍三家而出奔於越，則又何能有其身以安土樂天而成身乎？故聖人之言無泛說也。

公曰：「敢問何謂成身？」孔子對曰：「不過乎物。」

凡有物必有則，不過則成身矣。所謂不過者，自一言一動之微，以至三綱，無不正也。

公曰：「敢問君子何貴乎天道也？」孔子對曰：「貴其『不已』。如日月東西相從而不已也，是天道也；不閉其久，是天道也；無為而物成，是天道也；已成而明，是天道也。」

不已，猶不息也。天道惟自強，故能不息也。久，即不已也。既能不已，未有不久也。閉，猶掩藏也。不已之至，自形於外，故其久不能閉也。所謂不閉者，亦非他，即物之成也。然而未嘗有為也，明眾著其功業也。蓋惟不已，故不閉；惟不閉，故物成；惟成，故無有不明者。然天道究未嘗有所作為也，不過乎物，亦猶是也。

公曰：「寡人惷愚，冥煩子志之心也。」孔子蹴然辟席而對曰：「仁人不過乎物，孝子不過乎物。是故，仁人之事親也如事天，事天如事親，是故孝子成身。」

惷愚、冥煩，言不能明理也；志，記也。蹴然，敬貌。事親、事天，孝敬同也，能孝敬則不過乎物美。

公曰：「寡人既聞此言也，無如後罪何？」孔子對曰：「君之及此言也，是臣之福也。」

公言：今雖聞此言，而無如後日之不能行為罪也。兒子言：君恐不能行，則有志於行矣。故以為福。

禮記卷二十八　仲尼燕居

燕，安也。非朝、非祭、非賓，皆燕也。

仲尼燕居，子張、子貢、言游侍，縱言至於禮。子曰：「居！女三人者，吾語女禮，使女以禮周流無不徧也。」

縱言，泛說也。周流無不徧者，隨時隨事，無不循理也。蓋禮即理之著者，故人當以之，無不徧也。

子貢越席而對曰：「敢問何如？」子曰：「敬而不中禮，謂之野；恭而不中禮，謂之給；勇而不中禮，謂之逆。」

越，過也。三子侍坐，子張為長，當先對。此子貢越席，而子張無言，蓋子張素嫻於禮故也。敬、恭、勇三者，人之德也，而不中禮，則皆不能無蔽。野，鄙也。給，辨也。逆，亂也。

子曰：「給奪慈仁。」

奪猶害也。給徒取辨，害慈仁之道，於三者之中，其蔽尤甚，故又申之。

子曰：「師，爾過；而商也不及。子產猶眾人之母也，能食之不能教也。」

以子產點眾人之母而不能教，此非聖人之言。春秋時，諸國大夫有王佐才者，管仲、子產二人而已。而子產之德，又非管仲所及，故孔子以為有君子之道，豈尚以惠愛為子產之嫌哉？即過與不及，亦剿自魯論。記言踳駁不一，蓋存乎其人也。

子貢越席而對曰：「敢問將何以為此中者也？」子曰：「禮乎禮！夫禮所以制中也。」

所謂不中禮，非過即不及，則求中難矣。故子貢又以何以為中問也。禮乎，審之之詞。禮，決詞。制，猶裁也，定也。

子貢退，言游進曰：「敢問禮也者，領惡而全好者與？」子曰：「然。」

領，猶統也，管也。可好可惡之事，惟禮能辨之，以治可當惡而保所當好也。猶云禮以節情而存性爾。

「然則何如？」子曰：「郊社之義，所以仁鬼神也；嘗禘之禮，所以仁昭穆也；饋奠之禮，所以仁死喪也；射鄉之禮，所以仁鄉黨也；食饗之禮，所以仁賓客也。」

仁，愛也。仁心發於中，而後禮文見於外也。義者，禮之所尊也。鬼神以陰陽言，蓋天陽而地陰也。禘言昭穆，非也。禘不及嚳宮，蓋記者猶以為時祭也。始死而致吉祭焉，則不仁，故別為饋奠，所以仁死喪也。死言其事，喪言其禮。射，鄉射也。鄉，鄉飲酒也。射以興賢能，鄉以正齒位，使人知有當爭，有形當讓，而形以待鄉黨者盡矣。食以示愛，饗以示敬，所以待賓客者至矣。

子曰：「明乎郊社之義、嘗禘之禮，治國其如指諸掌而已乎！

義禮亦互言之言，習其禮又通其義也。

是故，以之居處有禮，故長幼辨也。以之閨門之內有禮，故三族和也。以之朝廷有禮，故官爵序也。以之田獵有禮，故戎事閒也。以之軍旅有禮，故武功成也。

居處有禮，如室有奧阼，席有上下也。三族，謂父子合尊卑，兄弟合長幼，夫婦合內外，皆閨門內事也。有禮，如父父、子子、兄兄、弟弟、夫夫、婦婦也。軍旅有禮，如進退有度，左右有局也。

是故，宮室得其度，量鼎得其象，味得其時，樂得其節，車得其式，鬼神得其饗，喪紀得其哀，辨說得其黨，官得其體，政事得其施；加於身而錯於前，凡眾之動得其宜。

凡言得者，得之於有禮也。得度，如宮室各從命數也。量之象，如左為升，以象陽之開。右為合，以象陰之合。仰者為斝，以象顯有所承。覆者為鬥，以象德有所庇。外圜以象天，內方以象地。鼎口在上，以象有所受。足在下，以象有所立。又足三奇而耳二偶也。止以量鼎言者，量器大，鼎器重，舉以該也。味得其時，如春多酸，夏多苦，秋多辛，冬多鹹也。樂得其節，蓋如射節有多少之類。式，法也。車得真式，蓋如輅車篆縵及貳車多少之差。黨，

類也。官得其體，如貴者舉要，賤者治詳之類。此皆約舉禮治之大，然量鼎與味，又非以貴賤為差等，恐尚有修詞未飭之弊。

子曰：「禮者何也？即事之治也。君子有其事，必有其治。治國而無禮，譬猶瞽之無相與？倀倀其何之？譬如終夜有求於幽室之中，非燭何見？若無禮則手足無所錯，耳目無所加，進退揖讓無所制。是故，以之居處，長幼失其別；閨門，三族失其和；朝廷，官爵失其序；田獵，戎事失其策；軍旅，武功失其制；宮室，失其度；量鼎，失其象；味，失其時；樂，失其節；車，失其式；鬼神，失其饗；喪紀，失其哀；辯說，失其黨；官，失其體；政事，失其施；加於身而錯於前，凡眾之動，失其宜。如此，則無以祖洽於眾也。」

策，謀也。祖，始也。洽，合也。言失禮則無以倡，始合終於眾也。

子曰：「慎聽之！女三人者，吾語女：禮猶有九焉，大饗有四焉。苟知此矣，雖在畎畝之中事之，聖人已。兩君相見，揖讓而入門，入門而縣興；揖讓而升堂，升堂而樂闋。下管《象》、《武》，《夏》、《龠》序興。陳其薦俎，序其禮樂，備其百官。如此，而後君子知仁焉。行中規，還中矩，和鸞中采齊，客出以雍，徹以振羽。是故，君子無物而不在禮矣。入門而金作，示情也。升歌《清廟》，示德也。下而管《象》，示事也。是故古之君子，不必親相與言也，以禮樂相示而已。」

事之，謂能行其事也。孔子語之，三子知之，而又能行之，則雖不在上位，亦有通明之德，同於作者之聖也。此兩君相見，當是諸侯見天子，而天子賓禮之，如大饗之禮。雖天子之尊，不以臣禮待諸侯，而用兩君之禮也。若止諸侯相見，則此記所言禮，多僭天子也。縣，樂縣也。縣興，金作也。樂闋，歌清廟之樂闋也。下，堂下也。象，象舞也。武，大武舞也。二者皆武舞也。夏，大夏舞也。龠，龠舞也。二者皆文舞也。序興，以次繼管者而舞也。薦，豆也。俎，謂房烝半解之俎也。仁者，禮之本也。人而不仁，如禮樂何？知仁者，知皆由於敬，和之至也。行中規者，趨前而行，謂兩君之入門升堂，其相避讓，圓如規也。還中矩者，轉後而還，其方折值行，適如矩也。和鸞車，逆車送之聲，象文王樂武，武王樂夏，以五色羽為之。夏離之樂龠，蓋唐堯之樂也。采齊、雍、振羽，皆樂章名。振羽，即振鷺詩客出以雍徹。以振羽者，客出之時，以雍徹俎，以振羽送客，蓋亦以金奏，不歌也。金作，即金奏也。示情，見賓主有情以相接也。示德，見賓主皆有文德也。秉文之德，清廟詩詞也。象武、

夏鑰之舞，蓋皆吹管以作之，但言管，象舉首舞以該也。示事，見賓主以禮事相成也。九禮之目，入門縣興，一也；升堂樂闋，二也；下管至序興，三也；陳序備，四也。四者惟行於大饗，故別言之。餘五者，則行中規，一也；還中矩，二也；和鸞中采齊，三也；以雍徹，四也；以振羽送客，五也。蓋五者於他事皆有之，不必定於大饗也。

子曰：「禮也者，理也；樂也者，節也。君子無理不動，無節不作。不能《詩》，於禮繆；不能樂，於禮素；薄於德，於禮虛。」

禮繁而亂，非所以為理，故曰理也。樂勝而流，非所以為節，故曰節也。君子必循理而動，應節而作，則不必如宗廟朝廷之大事，即一舉足，一發言，與凡燕息時，皆無苟動苟作也。繆，誤也。素，質樸也。歌詩，以通禮意也。作樂，以和禮文也。崇德，以實禮行也。

子曰：「制度在禮，文為在禮，行之，其在人乎！」

制度如簠簋俎豆之屬，文為如升降裼襲之屬，神而明之存乎人也。

子貢越席而對曰：「敢問：夔其窮與？」子曰：「古之人與？古之人也。達於禮而不達於樂，謂之素；達於樂而不達於禮，謂之偏。夫夔，達於樂而不達於禮，是以傳此名也，古之人也。」

窮，有所不達也。達如上達之達，造其極也。此節問答，亦未可盡信。伯夷以典禮讓夔，則夔豈有不達者。

子張問政，子曰：「師乎！前，吾語女乎？君子明於禮樂，舉而錯之而已。」子張復問。子曰：「師，爾以為必鋪几筵，升降酌獻酬酢，然後謂之禮乎？爾以為必行綴兆。興羽籥，作鍾鼓，然後謂之樂乎？言而履之，禮也。行而樂之，樂也。君子力此二者以南面而立，夫是以天下太平也。諸侯朝，萬物服體，而百官莫敢不承事矣。禮之所興，眾之所治也；禮之所廢，眾之所亂也。目巧之室，則有奧阼，席則有上下，車則有左右，行則有隨，立則有序，古之義也。室而無奧阼，則亂於堂室也。席而無上下，則亂於席上也。車而無左右，則亂於車也。行而無隨，則亂於塗也。立而無序，則亂於位也。昔聖帝明王諸侯，辨貴賤、長幼、遠近、男女、外內，莫敢相逾越，皆由此塗出也。」三子者，既得聞此言也於夫子，昭然若發蒙矣。

萬物，猶萬事也。服體，如衣服之著體，無不順適也。目巧，言但以目視，自生巧思，不必由法度也。以蒙，謂若目去翳生明也。

禮記卷二十九　孔子閒居

閒，暇也。適情為燕，無事為閒，實亦一也。

孔子閒居，子夏侍。子夏曰：「敢問《詩》云：『凱弟君子，民之父母』，何如斯可謂民之父母矣？」孔子曰：「夫民之父母乎，必達於禮樂之原，以致五至，而行三無，以橫於天下。四方有敗，必先知之。此之謂民之父母矣。」

凱弟，樂易也。橫，猶充也。敗，謂禍裁也。先知之，思患而豫防也。自其極盛而無以復加謂之至，君子則推而致之，以廣其充周之用。自其至微而不泥於跡謂之無，君子則施而行之，以運其宥密之神。橫於天下，正以滿其達之量也。稍有不序不和，便是敗。五至終以哀，三無終以喪，正切於憂民之驗，非五至三無外又有一種憂民之心也。

子夏曰：「民之父母，既得而聞之矣；敢問何謂『五至』？」孔子曰：「志之所至，詩亦至焉。詩之所至，禮亦至焉。禮之所至，樂亦至焉。樂之所至，哀亦至焉。哀樂相生。是故，正明目而視之，不可得而見也；傾耳而聽之，不可得而聞也；志氣塞乎天地，此之謂五至。」

民志之所在，即君心所必至也。詩以理情，禮以定分，樂以導和，哀以仁死。四者本皆因志遞及，故人莫不興於詩，立於禮，成於樂，極於哀。致至於哀，則君身民同憂同樂，而養生送死皆無憾矣。惟具志無不至，則其誠不待間見，而其氣已塞乎天地也。

子夏曰：「五至既得而聞之矣，敢問何謂三無？」孔子曰：「無聲之樂，無體之禮，無服之喪，此之謂三無。」子夏曰：「三無既得略而聞

之矣，敢問何詩近之？」孔子曰：「『夙夜其命宥密』，無聲之樂也。『威儀逮逮，不可選也』，無體之禮也。『凡民有喪，匍匐救之』，無服之喪也。」

夙夜，早夜也。其，古基字。有，寬也。密，稠也。寬則不迫，稠則不疏，所以立命也。逮逮，有次序貌。選，簡擇也。逮逮則有倫有脊，自無適而無威儀，故不可以一端簡擇也。匍匐，竭力貌。凡民有喪，無不竭力以振救之，則哀死者至矣。蓋此斷章言之，以見樂禮喪之本之不在於聲體服之，然詩之本義亦不外是。

子夏曰：「言則大矣！美矣！盛矣！言盡於此而已乎？」孔子曰：「何為其然也！君子之服之也，猶有五起焉。」子夏曰：「何如？」子曰：「無聲之樂，氣志不違；無體之禮，威儀遲遲；無服之喪，內恕孔悲。無聲之樂，氣志既得；無體之禮，威儀翼翼；無服之喪，施及四國。無聲之樂，氣志既從；無體之禮，上下和同；無服之喪，以畜萬邦。無聲之樂，日聞四方；無體之禮，日就月將；無服之喪，純德孔明。無聲之樂，氣志既起；無體之禮，施及四海；無服之喪，施于孫子。」

服，猶行也，事也。起，進境也。五起，言進進無已之境，猶有五種也。氣志，即承上塞乎天地言。違，背也，逆也。人之志氣和順，自可塞乎天地，然於己稍有違逆，即於浩然者不能無害。故君子服之，必先求其不違也。於己不違，與物乃能相得。物既與己相得，則其氣志自無不相從。人既己從，則己之聲自日聞於四方。聲聞日盛，則天下之氣志自無不觀感而化，為之日起而進於善也。遲遲，安舒貌，言自然也。翼翼，敏慎貌。於自然之中，又日強而不息也。上下和同，各安其分，均平之至也。就，成也。將，大也。日就，日有成效也。月將，推之而加廣大也。至施及四海，則無遠弗屆矣。內恕孔悲者，推己之恕，而不能不為之悲，不待官服也。施及四國，則慎終加厚之意，不止於境內矣。畜，養也。自四國而推之，以畜養萬邦，則徧天下也。純德孔明者，天下皆被真仁德也。施于孫子，又澤流無窮矣。蓋樂必至於無聲，乃為至樂。至樂不離乎志氣，而氣志既起者，至樂之終也。禮必至於無體，乃為至敬。至敬不離乎威儀，而施及四海者，至敬之終也。喪必至於無服，乃為至哀。至哀不離乎內恕，而施于孫子者，至哀之終也。

子夏曰：「三王之德，參於天地，敢問：何如斯可謂參於天地矣？」孔子曰：「奉三無私以勞天下。」子夏曰：「敢問何謂三無私？」孔子曰：

「天無私覆，地無私載，日月無私照。奉斯三者以勞天下，此之謂三無私。其在《詩》曰：『帝命不違，至於湯齊。湯降不遲，聖敬日齊。昭假遲遲，上帝是祇。帝命式於九圍。』是湯之德也。

奉，敬承也。勞，動其事也。如禹之治水，湯、武之征伐，又勤勞之大者，其無私之理，與天地日月一而已。湯齊，言湯生有聖質也。齊，如徇齊之齊。降，生也。不遲，適當其時也。日齊，日升也。齊、躋古通。遲，遲久也。祇，敬也。式，法也。九圍，九州島也。此以湯該三王也。

天有四時，春秋冬夏，風雨霜露，無非教也。地載神氣，神氣風霆，風霆流形，庶物露生，無非教也。

此言天地以無私示人，雖未嘗有所作為，而其勞已至也。天以氣運，故有四時與風雨霜露之教；地以形生，故有風霆流形、庶物露生之教。神氣，天之神氣也。因神生氣，因氣生聲，因聲流形，故曰神氣。風霆，夙霆流形也。流而成形，則為庶物，而見其生生不已矣。

清明在躬，氣志如神，嗜欲將至，有開必先。天降時雨，山川出雲。其在《詩》曰：「嵩高惟嶽，峻極於天。惟嶽降神，生甫及申。惟申及甫，惟周之翰。四國于蕃，四方于宣。」此文武之德也。

清明者，天體也。在躬則與天同德，如神則不特塞乎天地，而直與天地相似也。耆，致也。欲，如君子欲之之欲。祭統曰：興舊者欲。疑古語有之。開，創始也，如大王興周是已。先，預兆也。將雨先雲，證將至之必有先也。嶽，四嶽。甫，甫侯。申，申伯。翰，羽翼也。蕃，衛也。宣，布也。此本宣王時詩，而云文武之德者，斷章取義，謂申甫之生，猶前王積德所致也。

三代之王也，必先令聞，《詩》云：「『明明天子，令聞不已。』三代之德也。『弛其文德，協此四國。』大王之德也。」子夏蹶然而起，負牆而立曰：「弟子敢不承乎！」

令聞，即無私之實德也。弛、施、天古通，協、洽亦通。此亦宣王時詩，而以為三代及大王之德，亦斷章之義，以無私之德無不同也。起負牆所問，竟避後來也。

禮記卷三十　坊記

坊，堤也，所以止水之橫出，亦以蓄水，使全其固有也。

子言之：「君子之道，辟則坊與，坊民之所不足者也。」大為之坊，民猶逾之。故君子禮以坊德，刑以坊淫，命以坊欲。

子者，男子之通稱。此蓋記者自子其師，非謂孔子也。凡物必不足於此，而後有餘於彼。坊民所不足，即制其有餘也。故浮慾與德並言。德，如智、仁、聖、義、中和之德。智不足而蕩，仁不足而愚，惟禮可以坊之也。命，天命也。欲，心時羨也。知有天命，則私欲自消，而順受其正矣。

子云：「小人貧斯約，富斯驕；約斯盜，驕斯亂。」禮者，囚人之情而為之節文，以為民坊者也。故聖人之制富貴也使民富不足以驕，貧不至於約，貴不慊於上，故亂益亡。

約，窮困也。小人無道以安貧，故約則有他羨而為盜；無德以守富，故驕則至犯上而為亂。衣服居處皆有限制，則不足驕也；田里桑麻皆足養生，則不至約也。慊，快也。貴不慊於上，謂雖貴而不敢自恣於上也。益，漸也。亡，無也。不云賤，從可知也。

子云：「貧而好樂，富而好禮，眾而以寧者，天下其幾矣。《詩》云：『民之貪亂，寧為荼毒。』」故制：國不過千乘，都城不過百雉，家富不過百乘。以此坊民，諸侯猶有畔者。

好樂，好字不詞，或改能字眾，猶云族大寵多也。寧，安也。其幾，言於平治之道為庶幾也。千乘，侯國之制。雉，城堵也，高一丈，長三丈，雉飛之度，因以為制。禮雖天子之家無百乘，百乘，亂制也。然記皆據周末諸侯而言。

子云：「夫禮者，所以章疑別微，以為民坊者也。」故貴賤有等，衣服有別，朝廷有位，則民有所讓。

疑者，似同而實異；微者，似可通而實不可假者也。有所讓，非也，當是不敢干耳。

子云：「天無二日，土無二王，家無二主，尊無二上，示民有君臣之別也。」《春秋》不稱楚越之王喪，禮君不稱天，大夫不稱君，恐民之惑也。《詩》云：「相彼盍旦，尚猶患之。」

孔子作春秋，吳楚之君卒不書葬，削僭號也。越未嘗書卒，尤外之也。君謂諸侯，凡臣皆以君為天，然稱天者惟王耳。仕於家者亦有君臣之分，然大夫止稱主不稱君，皆以示別也。詩逸詩：盍旦夜鳴，求旦之鳥。月令、鶡旦是也，患惡其欲反晝夜也。

子云：「君不與同姓同車，與異姓同車不同服，示民不嫌也。」以此坊民，民猶得同姓以弒其君。

同姓，謂先王先公子孫有繼及之道者也，其非此無嫌也。僕右恒朝服，君則各以其事服，惟在軍同服爾。此節不成說話，弒君之嫌，豈在同車同服哉？

子云：「君子辭貴不辭賤，辭富不辭貧，則亂益亡。」故君子與其使食浮於人也，寧使人浮於食。

食，祿也。浮，過也。人，人之才能也。受祿過於所能，是貪也。

子云：「觴酒豆肉讓而受惡，民猶犯齒；衽席之上讓而坐下，民猶犯貴；朝廷之位讓而就賤，民猶犯君。」《詩》云：「民之無良，相怨一方；受爵不讓，至於已斯亡。」

犯，猶僭也。齒，年出。禮，六十以上，籩豆有加，貴如三命。不齒，席於尊東也。犯君，如君喪。族人雖如其倫，而族人不得以其戚戚君，否則為犯也。方，偏見也，各舉一偏之見以相怨也。如臣戚君而若以其族，是一方之怨也。怨則偏於一方，而受爵又不讓，則無良極矣，其能長有其爵乎？已，斯亡者。不讓，即有爭道。爭，非禮也，則其爵不已不止者也，終亦必已而已矣。

子云：「君子貴人而賤已，先人而後已，則民作讓。」故稱人之君曰君，自稱其君曰寡君。

君尚如此，其他可知

子云：「利祿，先死者而後生者，則民不偝；先亡者而後存者，則民可以託。」《詩》云：「先君之思，以畜寡人。」以此坊民，民猶偝死而號無告。

死，為國死事者；亡，為國出亡者。利祿之所施，不必及其身也，錄其功而及其親族，皆是也。畜，止也，猶孟子畜君之畜，與毛詩音義異而意而通。偝死而號無告，言死者見偝，其家之老弱號呼稱冤，無可告理也。偝而無告，則無可託，不待言矣。

子云：「有國家者，貴人而賤祿，則民興讓；尚技而賤車，則民興藝。」故君子約言，小人先言。

人謂賢者，技謂能者。言祿則爵可知，言車則服可知。賤，不名也。言爵祿、車馬，皆無所吝也。讓以德言，藝以功言，如此則上之化下，下之從上，皆務實行，不事空言也。約猶省也，約對多，先對後，互言之耳。

子云：「上酌民言，則下天上施；上不酌民言，則犯也；下不天上施，則亂也。」故君子信讓以蒞百姓，則民之報禮重。《詩》云：「先民有言，詢於芻蕘。」

酌，取也。酌民言，如謀及庶人，置萬民而詢也。酌民言之當否，而還以治其民，則上之德澤足以及下，而下之戴上，如天之在上而有施於下也。犯，謂違理而逆眾也。讓，即酌民言也。報禮重，則天上施之故也。

子云：「善則稱人，過則稱己，則民不爭；善則稱人，過則稱己，則怨益亡。」《詩》云：「爾卜爾筮，履無咎言。」

引詩亦斷章取義。爾卜爾筮，如假爾大龜有常、假爾大筮有常也。履，踐也，猶從也。不敢自卑而聽命於卜筮，則無咎言也。蓋與毛詩意異，不止文異也。

子云：「善則稱人，過則稱己，則民讓善。」《詩》云：「考卜惟王，度是鎬京；惟龜正之，武王成之。」

考卜，稽之於卜也。度，量度也。鎬京，西京也，武王所建。正，猶定也。成，成其事也。以上二節，舉卜筮以為稱人之證。

子云：「善則稱君，過則稱己，則民作忠。」《君陳》曰：「爾有嘉謀嘉猷，入告爾君於內，女乃順之於外，曰：此謀此猷，惟我君之德。於乎！是惟良顯哉。」

君陳，蓋周公子伯禽弟也，名篇在尚書。今丈已亡，於乎！是惟良顯正極頌美君德之詞。

子云：「善則稱親，過則稱己，則民作孝。」《大誓》曰：「予克紂，非予武，惟朕文考無罪；紂克予，非朕文考有罪，惟予小子無良。」

大誓，尚書篇名，今文已亡，武有武功也。

子云：「君子弛其親之過，而敬其美。」《論語》曰：「三年無改於父之道，可謂孝矣。」高宗云：「三年其惟不言，言乃讙。」

弛，猶解也。弛其親之過，謂能干蠱也。父之所為，或有善，或有惡，若以道言，則固當有善而無惡矣，非謂父有惡亦可因之而不改也。三年無改，則終身不改矣。高宗，殷王武丁也。名篇在尚書，今文已亡。讙、歡古通，言天下皆喜樂也。三年不言，居喪故也。引論語，蓋以弛過言；引高宗，蓋以敬美言也。

子云：「從命不忿，微諫不倦，勞而不怨，可謂孝矣。」《詩》云：「孝子不匱。」

從命，惟命之從也。忿，恨也，猶懟也，勉於從則有懟意也。微諫，父母有過，下氣、怡色、柔聲以諫也。勞，兼不忿不倦言。

子云：「睦於父母之黨，可謂孝矣。故君子因睦以合族。」《詩》云：「此令兄弟，綽綽有裕；不令兄弟，交相為愈。」

合族，如以族人燕與食也。綽綽，寬容貌。愈，病也。

子云：「於父之執，可以乘其車，不可以衣其衣。君子以廣孝也。」

執，執友也。不可衣其衣，嫌瀆尊也。車可乘於身，差遠也。

子云：「小人皆能養其親，君子不敬，何以辨？」

君子之孝所以異者，敬而已。

子云：「父子不同位，以厚敬也。」《書》云：「厥辟不辟，忝厥祖。」

同位，則尊卑等為相褻也。《書》，逸《書》。辟，君也，為君不君，與臣相褻，則辱祖矣。

子云：「父母在，不稱老，言孝不言慈；閨門之內，戲而不歎。」君子以此坊民，民猶薄於孝而厚於慈。

孝道上施，言慈則嫌下流也。戲，謂為孺子嬉咲也。歎，有憂戚之聲，老者之狀也。

子云：「長民者，朝廷敬老，則民作孝。」

長民，謂天子諸侯也。朝廷敬老，於朝廷尚敬老之禮也。

子云：「祭祀之有尸也，宗廟之主也，示民有事也。修宗廟，敬祀事，教民追孝也。」以此坊民，民猶忘其親。

祭非主則無依，非尸則無享。親既死亡，而猶有尸主以事之，所以如生存也。

子云：「敬則用祭器。故君子不以菲廢禮，不以美沒禮。」故食禮：主人親饋，則客祭；主人不親饋，則客不祭。故君子苟無禮，雖美不食焉。《易》曰：「東鄰殺牛，不如西鄰之禴祭，實受其福。」《詩》云：「既醉以酒，既飽以德。」以此示民，民猶爭利而忘義。

祭器，籩、豆、簠、鉶之屬，有敬事於賓則用之，謂饗食也。盤盂之屬為燕器。菲，謂物薄也。廢，不行也。沒，過也。殺牛用大牲，祭之盛者。禴，薄祭也，喻奢而慢，不如儉而敬也。德，謂恩惠非專於酒肴也，示民使有所觀法也。

子云：「七日戒，三日齊，承一人焉以為尸，過之者趨走，以教敬也。」醴酒在室，醍酒在堂，澄酒在下，示民不淫也。尸飲三，眾賓飲一，示民有上下也。因其酒肉，聚其宗族，以教民睦也。故堂上觀乎室，堂下觀乎上。《詩》云：「禮儀卒度，笑語卒獲。」

澄酒，澄，齊也。淫，荒於酒也。飲三，三獻也。三獻之禮，主人、主婦、賓長各一獻尸也。觀，觀以取法也，謂祭時肅敬之儀。

子云：「賓禮每進以讓，喪禮每加以遠。」浴於中溜，飯於牖下，小斂於戶內，大斂於阼，殯於客位，祖於庭，葬於墓，所以示遠也。殷人弔於壙，周人弔於家，示民不偝也。

喪禮每加以遠，恐愈遠而哀遂亡，故每加飾禮節以為之紀也。示遠者，示喪雖即遠，而情與禮有不可急怠也。弔於壙，既封而弔也。弔於家，及哭而弔也。

子云：「死，民之卒事也，吾從周。」以此坊民，諸侯猶有薨而不葬者。

從周，從弔家也。周於送死尤備，卒事不嫌過厚也。不葬，葬禮簡略，不成葬也。記者之意，蓋本春秋書卒不書葬之義。

子云:「升自客階,受弔於賓位,教民追孝也。」未沒喪不稱君,示民不爭也。故魯《春秋》記晉喪曰:「殺其君之子奚齊及其君卓。」以此坊民,子猶有弒其父者。

升自客階,受弔賓位,謂反哭時也。既葬,猶不由阼階,不忍即父位也。爭字混,當改作忍,亦不忍即父位之意。魯字亦混,自孔子作春秋,魯春秋久逸,其誰知之?記者所言,亦仍據孔子所作也。及字無著,且不詞。殺奚齊及卓是兩時事,不可並言。奚齊未踰年,故書殺書子;卓既踰年成君,乃書弒書君。以此擬子弒父,既引證失倫,而語亦太重,蓋弒父究僅有之事也。

子云:「孝以事君,弟以事長」,示民不貳也,故君子有君不謀仕,唯卜之日稱二君。喪父三年,喪君三年,示民不疑也。父母在,不敢有其身,不敢私其財,示民有上下也。故天子四海之內無客禮,莫敢為主焉。故君適其臣,升自阼階,即位於堂,示民不敢有其室也。父母在,饋獻不及車馬,示民不敢專也。以此坊民,民猶忘其親而貳其君。

貳,如共叔段貳於己之貳。不貳,一家無二尊,一國無二君也。卜稱二君,以君臣之分未定,且謀仕當決可否也。不疑父之服重以至親也。君無骨肉之親,而服重以至尊也。不服重,則其尊不見也。有上下,即家無二尊之義。無客禮,即國無二君之義。未仕者不敢饋人,則已仕者得饋矣。然父母在,而及車馬之重,則太專,故不敢也。

子云:「禮之先幣帛也,欲民之先事而後祿也。」先財而後禮,則民利;無辭而行情,則民爭。故君子於有饋者,弗能見則不視其饋。《易》曰:「不耕獲,不菑畬,凶。」以此坊民,民猶貴祿而賤行。

禮,謂所執之摯以相見者,既見乃奉幣以修好也。幣者,帛之名;帛者,幣之物。禮之先幣帛,言物以禮為先也。禮者,事之象;幣帛者,祿之象。財,即幣帛也。利,猶貪也。無辭則失取與之名,行情則失利欲之節,非廉讓之道也。弗能見,謂主人有故,不能見饋者也。詞必見而後伸,弗能見則不視其饋,慮其無名也。易詞與今異,記者誤也。記者之意,以不事其事而求利,如不耕而求獲,不菑而求畬,則凶。然與元妄六二爻義不合。貴,猶貪也。貴祿而賤行,不以行事為先也。

子云:「君子不盡利以遺民。」《詩》云:「彼有遺秉,此有不斂穧,伊寡婦之利。」故君子仕則不稼,田則不漁;食時不力珍,大夫不坐羊,士不坐犬。《詩》云:「采葑采菲,無以下體,德音莫違,及爾同死。」

以此坊民，民猶忘義而爭利，以亡其身。

不盡利以遺民者，不盡民之利，則民有遺利也。引大田詩錯亂，亦記誤也。食時不力珍，隨時所有而食之，不務求難得之品也。坐羊、坐犬，亦謂既殺食而又坐其皮，皆盡利也。對葑，蔓菁也。菲，葍類，下體其根也。引此亦斷章取義，謂根雖善，無得並取以盡利也。

子云：「夫禮，坊民所淫，章民之別，使民無嫌，以為民紀者也。」故男女無媒不交，無幣不相見，恐男女之無別也。以此坊民，民猶有自獻其身。《詩》云：「伐柯如之何？匪斧不克；取妻如之何？匪媒不得；蓺麻如之何？橫從其畝；取妻如之何？必告父母。」

淫過之別，自然之分也。防其淫、章其別，所以使民無疑也。自獻如淫奔也，引詩亦錯亂。

子云：「取妻不取同姓，以厚別也。」故買妾不知其姓，則卜之。以此坊民，魯《春秋》猶去夫人之姓曰吳，其死曰孟子卒。

厚猶重也。去夫人之姓，曰吳，曰孟子卒，皆非也。當是據孔子所作春秋，以夫人之姓為子耳。然春秋止書孟子卒，別無他事，於孟子加書吳也。凡此皆記者修詞不達之病。

子云：「禮，非祭，男女不交爵。」以此坊民，陽侯猶殺繆侯而竊其夫人。故大饗廢夫人之禮。

交爵，謂相獻酢。陽，侯殿。繆，同姓也。以貪色戕君，奪夫人，其事未詳。大饗兩君，邦交主君饗賓，則夫人亦有裸獻於賓之禮。廢禮，亦周末之變。陽，一作煬。

子云：「寡婦之子，不有見焉，則弗友也，君子以辟遠也。」故朋友之交，主人不在，不有大故，則不入其門。以此坊民，民猶以色厚於德。

大故謂喪災。

子云：「好德如好色。」諸侯不下漁色。故君子遠色以為民紀。故男女授受不親。御婦人則進左手。姑姊妹女子子已嫁而反，男子不與同席而坐。寡婦不夜哭。婦人疾，問之不問其疾。以此坊民，民猶淫泆而亂於族。

禮，諸侯皆外娶，不得娶於國中。若內聯，則國有美色，皆可任意取之，似漁人網魚，無所擇也。諸侯能好德如好色，則無漁色之事矣。夜哭嫌思人道，

問疾嫌媚昵之。且婦人之疾，有非男子所當與聞者，亂族犯，非妃匹也。

　　子云：「婚禮，婿親迎，見於舅姑，舅姑承子以授婿，恐事之違也。」以此坊民，婦猶有不至者。

　　違，謂事有車變，非常也，不至如鄭子明路遇親迎者而奪之之類。蓋夫婦雖至親，而當真未嫁，則名分猶有未定，此昏禮所以必壻親迎且親受也。

禮記卷三十一　中庸

　　中者，事物之定體，所以為主於內者也，庸用之不可執一也。如物長一尺，以五寸為中；若尺有一寸，又以五寸五分為中；或止九寸，則義以四寸五分為中。故用中者，必以無定之中為中，而其用乃歸於一定而有成效也。此篇蓋子思述所授於曾子者，以詳孔子之所以為聖，不外乎中庸，而其設教以為天下後世法，亦非別有他端，仍一於中庸也。

　　天命之謂性，率性之謂道，修道之謂教。

　　命，猶令也。天無形而曰命，以繼氣之善者言之，若天之正名而命物之性。物之所恃以生者，在天為命，成物即為性矣。中庸所記不言心，其曰性、曰中，蓋皆指心而言。若其曰誠、曰明、曰釋、曰執之屬，則又皆所以存心、盡心之法也。率性，從心所之也。道，猶路也。凡物從心所之而行，莫不各有自然之路也。修者，絕其徑竇岐旁，且平整其正大之路，使無蔽也。教，引掖之使共由也。蓋凡成物皆有性，凡動物皆有道，而能修道以為教，使斯道可四達而不至窒塞，則儒者之事也。周官大宰以九兩系民，而惟儒以道得民，則儒者之所修，固與以地、以貴、以賢、以族之屬各有所倚者不同。且道雖無不達，亦必有修之者，而後人知所共由而不悖。即性雖無不率，亦必有修道之教，而後人各循其固有之性。此孔子之聖所以為儒者之宗，而其教亦參贊於無窮也。子思此篇，本以發明聖德。其曰天命之性，本聖與人物所同受也。其曰率性之道，則聖與人物雖亦無不同，而其性之盡不盡固已異美。至於修道之教，則又聖人之畜己性以及人物之性，為聖功之所獨也。

　　道也者，不可須臾離也，可離非道也。

道者，日用事物所不能不由，修之以為教，非有所加損也，但欲使人易知易行耳。頤下為鬚，腹下為臾。鬚者，儀容之末斷；臾者，身體之幽穢。而皆不可離道，則一身之動靜，雖毫髮之微，無有可以離道者矣。可離非道，以拂性而棄天也。

是故君子戒慎乎其所不睹，恐懼乎其所不聞。莫見乎隱，莫顯乎微，故君子慎其獨也。

戒慎有所忌而不敢不敬也，恐懼有所憚而不敢不畏也。其者，己也。蓋人知有己則有私，然己雖不睹聞，未嘗無物，不可有所私也。隱，匿也，潛也，即己所不睹聞者也。蓋隱雖不見，然非真無也，但有蔽之者，我不得而見耳，安得謂物亦不見我乎？若微則其端緒已見，但未大著耳。然有端即有委，安得謂其事之不顯也？獨者，發念之初，己所專制，易於作狂之幾也。蓋惟戒懼則雖閒靜而官骸不懈，惟慎獨則雖向動而智慮不紛，此君子於率性之道所以不致有離也。

喜怒哀樂之未發，謂之中；發而皆中節，謂之和；中也者，天下之大本也；和也者，天下之達道也。

喜怒哀樂，情也。其未發，則猶性之德也，無所偏倚，故謂之中。發皆中節，情之德也，無所乖戾，故謂之和。本如木之根幹，道則如木之由幹分枝也。本大則立體固，惟其為天命之性故也。道達則致用廣，惟其為率性之道故也。髹之以天下，雖止為君子所不離，實則人人所同然也。

致中和，天地位焉，萬物育焉。

致，行之無不至也。致中和，謂充其所固有，如孟子云不失赤子之心是也。此修道之教，於道無少遺憾也。位，正也，定也。育，生也，長也。天地位，則德參天地矣；萬物育，則功贊化育矣。蓋戒懼慎獨，為聖功自治之密；中和位育，為聖教被格之神。雖天命之所同，而實有非孔子不能者。

仲尼曰：「君子中庸，小人反中庸。

上文言君子，本指仲尼而言，特以性為人所同具，道為人所共由，故猶以君子槩之。此下雜引孔子之言，而首以仲尼表之，與後言仲尼之德與天地同其大，皆所以著修道之教，於仲尼之言行有可證也。而篇名中庸，又因仲尼言君子中庸之故，則能中庸者惟仲尼，亦益明矣。反者，其心務與之反，非僅不能已也。

　　君子之中庸也，君子而時中；小人之中庸也，小人而無忌憚也。」

　　此子思釋孔子之言也。君子成德之名，有君人之德，所見者大也。時中者，時時求中而後行也。言又加之以小心，自能所用皆中也。小人亦知中無一定，然所見者小也。所見既小，故以無忌憚為中庸。無忌憚者，自是妄行，又不間果中與否也。以下中庸之中，皆指見於用者言，與上文中和之中異。

　　子曰：「中庸其至矣乎！民鮮能久矣！」

　　至者，言其神妙無以復加也。蓋中之立體，既以一定御無定，而庸之致用，又以無常歸有常，此孔子所以贊其至也。民統智愚賢不肖，言鮮少也，鮮能即莫能也，不欲迫言之耳。曰久，則自古至今之民，竟未有能之者，此其所以為至也。

　　子曰：「道之不行也，我知之矣：知者過之，愚者不及也。道之不明也，我知之矣：賢者過之，不肖者不及也。人莫不飲食也，鮮能知味也。」

　　中，體也；庸，用也。由之即道也。民既鮮能中庸，則道不行矣。智者知之過，止如過中為道，而視中道為不足行也。愚者不及知，則又不得所謂中而行之也。賢者行之過，其行必以過中為道，視中道為不足知也。不肖者不及行，則並不求所謂中而知之也。是道之不行，既由於不明；而道之不明，又由於不行也。然人豈真能不出道哉？譬如飲食，人莫能廢，而正味之嗜，知之者鮮，則雖終身行道，而不知其為道，其異於不行者幾何？夫懵恍遇之，或出或否，不著不察，皆非行道也。

　　子曰：「道其不行矣夫！」

　　由鮮能知，故鮮能行而不行也，是可閔也。

　　子曰：「舜其大知也與！舜好問而好察邇言，隱惡而揚善，執其兩端，用其中於民，其斯以為舜乎！」

　　智而大，則非智者之過矣。舜之所以為大智者，以其不自用而取諸人也。邇言者，淺近之言，猶必察焉，其無遺善可知。善惡皆人言也，隱惡而揚善，則人孰不樂告以善哉？兩端猶言兩頭，於言之善者，又執其兩端而折衷以用之於民，則所行無不中庸矣。此舜之所以為舜，而能安行乎道也。

　　子曰：「人皆曰予知，驅而納諸罟擭陷阱之中，而莫之知辟也。人皆曰予知，擇乎中庸，而不能期月守也。」

皆曰予知，則不好問察而自用矣。罟，網也。擭，祚椻也。陷阱，坑坎也。皆所以欺物之不知而害之也。曰予知而莫知避，則無知之人耳，喻人為利欲驅而甘心趨禍也。擇，執兩端而擇也。人苟有心於擇，則中之庸原非難知也。期月，幣一月也。知擇而猶不能守，則亦非真知矣。是皆物慾害之也。

子曰：「回之為人也，擇乎中庸，得一善，則拳拳服膺弗失之矣。」

拳拳，奉持之貌。服，猶著也。膺，胷也。奉持而著之心胷之間，言能守也。顏子能弗失中庸，則其行道亦庶幾於舜矣。

子曰：「天下國家可均也，爵祿可辭也，白刃可蹈也，中庸不可能也。」

均、平治也，三者亦智、仁、勇之事，天下之至難也。然皆倚於一偏，故資之近而力能勉者，皆足以能之。至於中庸，則非精義入神，而又無一豪人欲之私者，不可能也。

子路問強，子曰：「南方之強與？北方之強與？抑而強與？寬柔以教，不報無道，南方之強也，君子居之。衽金革，死而不厭，北方之強也，而強者居之。故君子和而不流，強哉矯！中立而不倚，強哉矯！國有道，不變塞焉，強哉矯！國無道，至死不變，強哉矯！」

強，謂於事理無不勝任也。而，汝也。而強，子路之所當強也。寬柔以教，謂含容巽順，以誨人之不及也。不報無道，謂橫逆之來，直受之而不報也。南方風氣柔弱，故以含忍之力勝人為強，得君子寬厚一端之強也。衽，席也，人所寢息也。金，戈兵之屬。革，甲胄之屬。北方風氣剛勁，故以果敢之力勝人為強，即如子路尚勇之強也。而強者居北方之強也，與上子路所當強之而強異。君子居南方之強，柔忍之強也，與下君子為中庸之強亦異。以一則囿於地，一則能全於天也。和即達道之和，不流則不離道，而節無不中矣。矯，強貌。中即中庸之中，立而不倚，則不失其未發，而大本固矣。先和後中，以道之見於行者言也。塞，未達也，國有驗之也。果能不流、不倚、不變，別強之至，而道之和而得中，必不至於或失矣。

子曰：「素隱行怪，後世有述焉，吾弗為之矣。君子遵道而行，半塗而廢，吾弗能已矣。君子依乎中庸，遯世不見知而不悔，唯聖者能之。」

素，如素履之素，即率性也。隱，未仕也，如龍德而隱之隱。怪，詭僻也。

已，止也。素隱，即上文之塞，下文之素，貧賤也。素隱，雖不見乎世，亦行乎隱而已。乃惡長隱之不成乎名，而行怪以求述於後世，則必攻乎異端，是孔子所不為也。何以不為？以君子惟當遵道而行，不可為賢智之過也。然既知遵道而行，而猶或半途而廢，則又孔子所不能止也。所以不能止者，以君子必當依乎中庸，而不可有不及也。君子既依乎中庸，則雖遯世不見知，而亦不悔矣，何行怪之有哉？然此非民所易能也，惟聖者能之。聖也者，智足以知之，仁足以守之，強足以行之者也。

君子之道，費而隱。

此以下子思之言。費言其用之不可窮也，隱言其體之不可見也。中固有定所，然不能執一所而表之，故隱也。庸固有常用，又不能舉日用而槩之，故費也。

大婦之愚，可以與知焉，及其至也，雖聖人亦有所不知焉。夫婦之不肖，可以能行焉；及其至也，雖聖人亦有所不能焉。天地之大也，人猶有所憾。故君子語大，天下莫能載焉；語小，天下莫能破焉。

至猶極也。此三及至與前至矣之至不同，猶言極高極遠，極不可測，且非常也。語詳說也。隱故不可離，費乃無乎不在也。

《詩》云：「鳶飛戾天，魚躍于淵。」言其上下察也。

察猶著也。引詩以證化育流行，充塞天淵，隨所見，無非道也。

君子之道，造端乎夫婦，及其至也，察乎天地。

造端，創始也。夫婦，人倫之始也。一陰一陽之謂道，雖天地之大，亦不外陰陽而已。故推道而極之，上可蟠天，下可際地，則凡在天地間無不由之矣。此結上三節也。

子曰：「道不遠人。人之為道而遠人，不可以為道。」

道無乎不在，而行道者人也，故專以人為言。不遠人，率性即道也。夫婦之愚不肖，與知能行，豈遠乎哉？為道猶云求道，所以行道也。或疑近人者未即是道，而遠人以求之，則不可以云道矣。

《詩》云：「伐柯，伐柯，其則不遠。」執柯以伐柯，睨而視之，猶以為遠。故君子以人治人，改而止。

則，法也。睨，邪視也。執者一柯，伐者又一柯，欲二柯如一，故不得不審視而以為遠耳。若人本不離道，道又未嘗離人，則以其人之道還治其人之身，

不過改其離道者，使之仍其舊之不離而已，豈遠乎哉？此就人治人之道也。

忠恕違道不遠，施諸己而不願，亦勿施於人。

盡己之心為忠，推己及人為恕。違，猶去也，言自此至彼，相去不遠也。道，即君子之道，不遠人者也。施己不願，忠也；勿施於人，恕也。以己之心，度人之人，無不同也。此本己施人之道也。

君子之道四，丘未能一焉：所求乎子，以事父，未能也；所求乎臣，以事君，未能也；所求乎弟，以事兄，未能也；所求乎朋友，先施之未能也。

子、臣、弟、友字皆絕句。求猶責也。孔子自言未能，亦聖人實有所不能，非謙詞也。此欲責人先青己之道也。上言造端乎夫婦，此又詳言子臣弟友，達道不外五倫也。若約而言之，則人己而已；而己之與人接者，言行而已。故下文遂詳言行，而惟反求諸身也。

庸德之行，庸言之謹，有所不足，不敢不勉，有餘，不敢盡。言顧行，行顧言，君子胡不慥慥爾！」

庸德，動容周旋之事。庸言，啟口應對之言。庸，即中庸之庸。行，如中規中矩之步，慎行也。謹，本作�，以法相授受之言，慎言也。言日用之德，言皆不敢無忌憚也。行之易不足，則又不敢不勉；言之易有餘，則又不敢盡。必使言行相顧，不致躬有不逮，慎之至也。慥慥，篤貌。言專意於是，無有窮已也。此即聖人不離道致中和之實功也。

君子素其位而行，不願乎其外。

位，己今所立之處。行，統言行而言。素位而行，道也；願外，非道也。

素富貴，行乎富貴；素貧賤，行乎貧賤；素夷狄，行乎夷狄；素患難，行乎患難。君子無入而不自得焉。

此申素位而行也。

在上位，不陵下，在下位，不援上。正己而不求於人，則無怨。上不怨天，下不尤人。

此申不願乎外也。

故君子居易以俟命，小人行險以徼幸。

易，平地也。居易，即行素位也。俟命，即不願外也。徼，求也。幸，妄想庶幾也。孔子論為道，至此數節，切近向裏，果能自得而且無怨，則真可謂

俟命者矣。能俟命，則雖遯世不見知而不悔矣。命，即天命也。篇首天命率性之謂，由此而生，故於此以相證也。

子曰：「射有似乎君子，失諸正鵠，反求諸其身。」

身即己也。人之所以私己而不能正者，凡以此身也。然身外無道，及求諸身，則道存焉矣。此《中庸》一篇之主也。雖假射以明之，然率性之道，至此始有歸著。以後歷言修身，皆所以實反求事正。射，節也。鵠，的也。

君子之道，辟如行遠，必自邇，辟如登高，必自卑。

此子思之言。辟，古譬字。卑邇，謂身也。必自者，反求之實也。

《詩》曰：「妻子好合，如鼓瑟琴。兄弟既翕，和樂且耽。宜爾室家，樂爾妻帑。」

鼓瑟琴，言和也。翕，聚也。耽，樂之甚也。帑，子孫也。妻子兄弟，猶皆人也，所以合和宜樂之者，身也。蓋身不行道，不行於妻，於刑，於寡妻，至于兄弟，所謂自卑邇也。

子曰：「父母其順矣乎！」

大子誦詩而贊之曰：人之於身，能使妻子兄弟皆宜樂，則父母之心無不順矣。夫父母之順，至高遠也，而得之於妻子兄弟，謂有不自反身始者乎？此上三節以自卑邇，明上反身之說。

子曰：「鬼神之為德，其盛矣乎！

此以下以鬼神明道也。鬼神之名，已詳《祭義》。為德，猶言性情。功效盛，即費而隱也。

視之而弗見，聽之而弗聞，體物而不可遺。

所謂隱也，體物，鬼神為凡物之體也。

使天下之人齊明盛服，以承祭祀，洋洋乎如在其上，如在其左右。《詩》曰：「神之格思，不可度思，矧可射思」。

洋洋，流動充滿之意。格，來也。思，語詞。射，厭也。言鬼神之流行昭著，猶上文言上下察也。

夫微之顯，誠之不可掩，如此夫！

微之顯，雖不見聞而已如在，不可度射也。誠，信也。不曰信而曰誠，誠統五常之德，而又原其始，要其終者也。上詳言反身，身雖身之當誠，蓋人身

必誠，方不離道，不誠即非道矣。以下即歷言舜、文、武、周，是皆誠身者也。此亦結上三節。

子曰：「舜其大孝也與！德為聖人，尊為天子，富有四海之內。宗廟饗之，子孫保之。故大德必得其位，必得其祿。必得其名，必得其壽，故天之生物，必因其材而篤焉。故栽者培之，傾者覆之。《詩》曰：『嘉樂君子，憲憲令德。宜民宜人，受祿于天，保佑命之，自天申之。』故大德者必受命。」

前言行道，證以舜回子路，詳入道之方也。此以下言誠身，證以舜文式周，著已誠之效也。誠身必以孝，言順親為誠身之實也。子孫，謂虞思陳胡公之屬。栽，猶植也。培，益也。傾，危也。覆，敗也。引詩以證受命也。嘉，詩作假。憲憲，詩作顯顯。他為聖人，皆必受命，舜文可證也。有不受命者如孔子，其變也，則亦惟俟命而已。故君子之所自為者，居易以俟命也。

子曰：「無憂者，其惟文王乎！以王季為父，以武王為子，父作之，子述之。武王纘大王、王季、文王之緒，壹戎衣而有天下。身不失天下之顯名，尊為天子，富有四海之內。宗廟饗之，子孫保之。武王末受命，周公成文、武之德，追王大王、王季，上祀先公以天子之禮。斯禮也，達乎諸侯大夫，及士庶人。父為大夫，子為士，葬以大夫，祭以士。父為士，子為大夫，葬以士，祭以大夫。期之喪，達乎大夫。三年之喪，達乎天子。父母之喪，無貴賤一也。」

文王之無憂，以德為聖人也。人情莫親於父子，故憂亦莫切於父子。舜雖受命，而瞽瞍之父、商均之子作述，非人不能無憂矣。文王雖身未受命，而父作子述，終有天下，與受命同，故無憂也。纘，繼也。緒，業也。壹戎衣，言一著戎衣以伐紂也。詳，言尊富饗保與舜同，明德如文王，其後亦必有天下也。末，謂即位之末年也。追王大王、王季，王跡之所由起也。上祀先公，上溯極於后稷，以天子之禮一本之正系也。達乎諸侯、大夫及士、庶人，推廣其禮，準之於天下也。葬用死者之爵，祭用生者之祿，皆斯禮之所達也。期之喪，達乎大夫。喪降旁期，不降正期也。三年之喪，達乎天子。傳云：壬一歲而有三年之喪二焉。時景王有後與世子之喪也。父為長，長斬衰，通乎上下。若天為妻止期，而亦云三年者，惟妻喪袺祥禮，其降殺與三年相似。若為後者之三年，猶之君父，如士、庶人後宗子，及為後於諸侯，以達於天子，皆義服也。承，童者也。無貴賤，一者斬齊，無異服也。既詳武王之有天下，又詳周

公之制禮者，蓋以見有天下者祈天永命，於禮為尤要也。禮所由生，亦以慎終追遠，民德歸厚，莫非率性也。

子曰：「武王、周公，其達孝矣乎！夫孝者，善繼人之志，善述人之事者也。

上既言武周之述矣，此又言繼述之孝者，上止言文王之無憂，此下乃言武周之孝，以善繼述而達也。蓋舜文之聖，能誠身也，非聖人之心失，故但知誠身，而終身服事，文之所以為聖也。若武周既有天下，而制為追王上祀之禮，則又能不拘牽於文王服事之志事，而通達夫孝道，以為善繼述者也。所以達且善者，文王之聖而受命，固率性之道，天之命也。

春秋修其祖廟，陳其宗器，設其裳衣，薦其時食。

此天子之時祀，所謂薦其常事也。修，若塓、拚、黝、堊也。祖廟，統羣宮而言。宗器，祭器及大寶器也。國之大寶器，必大祭乃陳，記亦互言之耳。裳衣，先祖之遺衣服，祭則設之以上服。衣，口也。時食，四時之食，各有其物，如春行羔豚，膳膏香之類。

宗廟之禮，所以序昭穆也。序爵，所以辨貴賤也。序事，所以辨賢也。旅酬下為上，所以逮賤也。燕毛，所以序齒也。

宗，尊也。宗廟之禮，兼禘祫而言，所謂間祀之追享、朝享也。序昭穆，序子姓之昭穆也。如人工之昭，土季之穆，昭與昭齒，穆與穆齒也。若先祖之位，則以君國之先後為次，不論昭穆也。爵，如公侯卿大夫也。事，如宗祝有司之執事也。旅，眾也。酬，導飲也。大祫之禮，旅酬始於六尸，要皆下為上也。逮賤者，宗廟之中，以有事為榮，至於繹祭，雖輝庖翟閽，無弗及也。燕毛，祭畢而燕，則以毛髮之色，別長幼為坐次也。齒，年數也。

踐其位，行其禮，奏其樂，敬其所尊，愛其所親，事死如事生，事亡如事存，孝之至也。

其，指文王也。所尊所親，亦謂文王之先祖及子孫臣庶也。皆屬之文王者，大德者必受命也。始死謂之死，既葬則曰反而亡焉，皆指文王也。此結上二節，皆以申繼述之善也。

郊社之禮，所以事上帝也；宗廟之禮，所以祀乎其先也。明乎郊社之禮，禘嘗之義，治國其如示諸掌乎！」

郊，謂四郊之壇位，即祀五帝者。社，后土也，在國中。郊、社本皆地示，

即水、火、金、木、土之五行也。其神有為主於上者,分為五祀,則有五帝,其禮不同,故云所以事上帝也。先有遠近、尊卑、宗廟之禮,分為時事、間祀,又有肆、祼、獻、饋食之別,亦各不同,故云所以事乎其先也。禘,間祀也。嘗,時事也。不言大祫及時事之祠、礿、烝,錯舉之耳。義,制禮之義也。對舉之,亦互文也。示,猶視也。示諸掌,言易也。繼述之善,莫著於禮,而禮非虛設,有義存焉,此孝之所以善而達。故孔子之言,不僅在有天下之武王,必兼及周公也。

哀公問政。子曰:「文武之政,佈在方策。其人存,則其政舉;其人亡,則其政息。

方,版也。策,簡也。息,猶滅也。有是君,有是臣,則行是政矣。

人道敏政,地道敏樹。夫政也者,蒲盧也。

人道、地道,與後天道、人道之道同義。敏,速也。政者,正也。正己則人從而化,故人道敏政也。樹,猶藝也。地之為道,如五穀之類,不種則已,種無不熟也。蒲盧螺,蠃土蜂也,取桑蟲負之於木孔中,祝曰:類我!類我!七日而化為其子。詩煩烆有子,螺蠃負之,喻民之從化速也。家路,於浦盧也,下有待化以成句,文雖拖踏,義較顯白。

故為政在人,取人以身,修身以道,修道以仁。

人,謂賢臣。為政在人,在得賢臣也。身,指君身。道者,天下之達道。仁者,天地生物之心,而人得之以生者也。

仁者,人也,親親為大;義者,宜也,尊賢為大。親親之殺,尊賢之等,禮所生也。

人道惟仁與義,而仁尤為性所由成,故仁者即人之所以為人者也。親親為大者,親即己所由生,故凡用吾之親愛皆仁,而親親為大也。宜者,於事物各當其理也,惟賢者能審事物之宜,故凡用吾之尊敬皆義,而尊賢為大也。禮者,天理之節文,親賢有一定之等殺,故禮有自然之節文,其設施亦有必不能已者,故繼仁義而又有禮也。

在下位不獲乎上,民不可得而治矣。

此錯簡,下文猶具,乃重出也。家語無。

故君子不可以不修身,思修身,不可以不事親,思事親,不可以不知人,思知人,不可以不知天。

　　所謂修身者，即友求諸身也。為政在人，取人以身，故不可以不修身。修身以道，修道以仁，故思修身不可以不事親。欲盡親親之仁，必由尊賢之義，故又當知人。親親之殺，尊賢之等，皆天理也，故又當知天。雖遞分四條，實止共一修身耳。

　　天下之達道五，所以行之者三。曰：君臣也，父子也，夫婦也，昆弟也，朋友之交也，五者天下之達道也。知、仁、勇，三者，天下之達德也，所以行之者一也。

　　謂之達道，天下古今所共由也。智所以知道之當行也，仁所以見道而願行也，勇所以當道而必行也，謂之達德，天下所同具也。一者身也，身修則行，身不修則亦無以行之矣。

　　或生而知之，或學而知之，或困而知之，及其知之，一也。或安而行之，或利而行之，或勉強而行之，及其成功，一也。」

　　所知所行，謂達道也。蓋人性雖無不善，而氣稟有不同，故其聞道有早暮，行道有難易，然能修身而必行之，則而無有不成也。

　　子曰：「好學近乎知，力行近乎仁，知恥近乎勇。

　　此又更端言示人以入德之方也。智、仁、勇之德，非如道之有實事可指也，故又舉可指者以形似之。

　　知斯三者，則知所以修身；知所以修身，則知所以治人；知所以治人，則知所以治天下、國家矣。

　　斯三者，指三近而言。人，對身之稱。天下國家，則盡乎人矣。至於為治，則政之在方策者，乃其跡耳。下文九經之事是矣。

　　凡為天下、國家有九經，曰：修身也，尊賢也，親親也，敬大臣也，體群臣也，子庶民也，來百工也，柔遠人也，懷諸侯也。

　　經，大綱也。此列九經之目也。體，第也。凡骨體有次第，審察人之賢否如之。子，如父母之愛其子也。遠人，賓旅也。

　　修身則道立，尊賢則不惑，親親則諸父昆弟不怨，敬大臣則不眩，體群臣則士之報禮重，子庶民則百姓勸，來百工則財用足，柔遠人則四方歸之，懷諸侯則天下畏之。

　　此言九經之效也。道立，謂道成於己而可為民表，所謂皇建其有極是也。不惑，我於事理不疑也。眩，亦惑也。敬大臣，則信任專，事無二三，故人無

視聽不搖也。報禮重，盡能以供職也。勸力農，務本也。財用足，通功易事，農末相資也。四方歸，皆願出其塗，且為之氓也。天下畏，懷德而畏威也。

齊明盛服，非禮不動，所以修身也。去讒遠色，賤貨而貴德，所以勸賢也。尊其位，重其祿，同其好惡，所以勸親親也。官盛任使，所以勸大臣也。忠信重祿，所以勸士也。時使薄斂，所以勸百姓也。日省月試，既廩稱事，所以勸百工也。送往迎來，嘉善而矜不能，所以柔遠人也。繼絕世，舉廢國，治亂持危，朝聘以時，厚往而薄來，所以懷諸侯也。

此言九經之事也。官盛任使，謂官屬眾盛足任使，今大臣可不親細事也。忠信重祿，謂察其忠信且重其祿也。既小食也，即工之稍食廩給受也。稱事，稱其日月所為之工事也。往來，皆行旅賓客，有送有迎，地主之道也。朝君禮，聘臣禮，以時不煩勞也。厚往薄來，謂燕賜厚而貢賦薄也。

凡為天下國家有九經，所以行之者一也。

一者，身也。身修則行，不修則無以行，此九經之本也。

凡事豫則立，不豫則廢。言前定則不跲，事前定則不困，行前定則不疚，道前定則不窮。

豫者，先知至善之所在而後從之也。前定即豫也。跲，躓也。疚，病也。此總承工文以起下明善也。

在下位不獲乎上，民不可得而治矣。獲乎上有道：不信乎朋友，不獲乎上矣。信乎朋友有道：不順乎親，不信乎朋友矣。順乎親有道：反諸身不誠，不順乎親矣。誠身有道：不明乎善，不誠乎身矣。

不獲，上不能治民，上不能事君，則民不為我使也。反諸身，即反求諸身之不誠，即不修也。自以為修而猶不誠，則不明乎善之故也。不明則不豫矣，故下文又詳明善之法。

誠者，天之道也；誠之者，人之道也。

誠，如約言之必踐，無不信也。天之道，如四時之行，百物之生，本無不誠，然人猶於其後驗其元妄，故曰：誠者，天之道也。若人之於事，如既有約言，則必於其身親為踐之，而後人始信其不欺，不能如無事然，故曰：誠之者，人之道也。蓋其為當行之道同，而有為無為則不能無異也。此以下子思之言。

誠者，不勉而中，不思而得，從容中道，聖人也。誠之者，擇善而固執之者也。

此言人之於誠，有不待反而本誠者，非但不勉而並不思，其於道已無弗中，是其誠與天同之聖人，如舜與文王是也。其次則必有事於誠之擇善，固執明誠交致之實功也。

博學之，審問之，慎思之，明辨之，篤行之。有弗學，學之弗能，弗措也；有弗問，問之弗知，弗措也；有弗思，思之弗得，弗措也；有弗辨，辨之弗明，弗措也；有弗行，行之弗篤，弗措也。人一能之，己百之；人十能之，己千之。果能此道矣，雖愚必明，雖柔必強。」

此皆明善之法，而必極之於能行者。徒明而不行，則善皆虛理，於身無與也。故明誠之功，必兼而後備之，皆指善而言。雖愚必明，雖柔必強，言人但患不擇不反耳，不得藉口於資之闇、力之弱也。

自誠明謂之性，自明誠謂之教。誠則明矣，明則誠矣。

此因上詳誠身明善，而遂結篇首性、道、教之說也。凡人之所誠所明者，何道而已矣？自誠而明者，獨得天命之全，是性之之聖，舜、文王與孔子所同也。然舜、文皆受命，而孔子獨未受命，是其性之雖同，而天命似不能無異。乃孔子雖自誠而明，而獨以修道之教，使人皆得自明而誠，則孔子雖未受命，而垂教於天下後世，人皆得各盡其性，則又非舜、文之所能及也。何也？誠則明，固為聖人；使人皆明，則亦皆誠，而人人亦且不異於聖人也。

唯天下至誠，為能盡其性；能盡其性，則能盡人之性；能盡人之性，則能盡物之性；能盡物之性，則可以贊天地之化育；可以贊天地之化育，則可以與天地參矣。

此節正與篇首相應，乃極贊孔子修道之教之功大也。所謂至誠，即率性而發，皆中節也。能盡其性，則於中和無不致矣。蓋率性中節，雖云人所同然，而能之者鮮，唯誠之至者乃能之。修道為教，使人皆明而誠，則人性既盡，而物性亦無不盡矣。人物之性皆盡，則是天地之化育可贊，而天地可參也。而天地不以之位，萬物不以之育乎？

其次致曲，曲能有誠，誠則形，形則著，著則明，明則動，動則變，變則化，唯天下至誠為能化。

其次，謂凡誠有未至者也。曲善之偏，有所明者，就其曲而致之，則明可

誠矣。誠則形者，誠於中，必於外山。形則著者，形其篤實，著其輝光也。著則明者，著謂在己之英華，明謂在人之瞻仰也。明則動者，人性皆善，見有明德之人，則情意為之筌動也。動則變者，情既為之動，則習必為之移也。變則化者，如書言於變而時雍也。誠至於使人化，惟至誠者能之，誠有未至不能也。此又言修道之教，能使未誠者皆化而誠，而自明而誠者，其功效又與至誠無異，以極贊教，思之無窮也。

至誠之道，可以前知。國家將興，必有禎祥；國家將亡，必有妖孽。見乎蓍龜，動乎四體。禍福將至，善必先知之，不善必先知之，故至誠如神。

上既言自明而誠，此又言至誠者無不明也，可以前知，非明之至者不能也。國家將興以下，言天道之至誠即至明，所以證至誠之道可以前知，無非至明也。興亡禍福，即天道之至誠也；必有必知，即天道之至明也。所謂先知者，非獨至誠先知，雖愚不肖亦與。知出四體，人之四支，神即鬼神，處於幽而明之至者也。至誠如神，謂至誠之明如神，易傳曰神而明之是已。

誠者，自成也；而道，自道也。

此以下皆為未誠求誠者言，正至誠所以修道立教之意也。成，言成身也。所謂誠者，非為他人，乃所以自成其身也。而所謂道者，亦非為他人，乃自行其所當田之道也。而謂凡有身者，於至誠之道有可他諉乎？

誠者，物之終始，不誠無物。是故君子誠之為貴。

此又言凡物皆不能離乎誠。物有終始，誠無不與之終始也。若有不誠，則已無物矣，故更反言以足自成之意，而君子必以誠身為貴也。誠之，人道也。誠之為貴，即反求諸身也。

誠者，非自成己而已也，所以成物也。成己，仁也；成物，知也。性之德也，合外內之道也，故時措之宜也。

誠雖本以成己，然既有以自成，則又必以之及物。如修道之教，必能使人自明而誠，然後為誠之至也。行道以成己而人道立，仁也；修道以成物而天道明，智也。德者，得也。盡己性以盡人性、物性，則性無不得也。盡人物之性，外之道也；盡己性，內之道也。仁智無不成，則是性之德，合外內之道也。時措之宜，實時中之義也。此禮之所由生，而修道之教之極功，所謂至誠也。

故至誠無息，不息則久，久則徵，徵則悠遠，悠遠則博厚，博厚則

高明。

此以下又釋誠之所以為至，而並及其參贊之神也。息，止也。無息者，其誠自然無間斷也。蓋息則非誠，不誠即無物，不可以言至矣。無息者，當時之閱歷；不息者，已過之追述也。久常於中也，徵驗於外也。悠言動人之長，遠言歷境之遠，博厚言誠之積累，高明言誠之發越也。

博厚所以載物也，高明所以覆物也，悠久所以成物也。

悠久即悠遠，兼內外而言之也。本以悠遠致高厚，而高厚又悠久也。此言至誠與天地同用，所以贊化育也。

博厚配地，高明配天，悠久無疆。

此言至誠與天地同體，所以參天地也。

如此者，不見而章，不動而變，無為而成。

此又言至誠功傚之神，異於誠之者也。蓋誠之者必待著而後明，而至誠則不見而已章矣；誠之者必待動而後變，而至誠則不動而已變矣；誠之者自致曲以至於能化，必待為而後成，而至誠則無為而已成矣。蓋上雖言誠之之事可以希至誠，而此則終言至誠之神實異於誠之，而且同於天地，所以極贊修道之教，為孔子所獨也。

天地之道，可一言而盡也。其為物不貳，則其生物不測。

此以下又以天地之道形至誠也。天地之道，可一言而盡，亦惟至誠而已。不貳，誠之外無他物也。誠故不息，不息則無終無始，而不見其貳也。不測，言其神也。其覆載成，皆莫知其所以然也。

天地之道，博也，厚也，高也，明也，悠也，久也。

此則天地之道驗於外者，人所共知，可為至誠證者。

今夫天，斯昭昭之多，及其無窮也，日月星辰繫焉，萬物覆焉。今夫地，一撮土之多。及其廣厚，載華嶽而不重，振河海而不泄，萬物載焉。今夫山，一卷石之多，及其廣大，草木生之，禽獸居之，寶藏興焉，今夫水，一勺之多，及其不測，黿、鼉、蛟龍、魚鱉生焉，貨財殖焉。

此四條皆以明不貳故生物不測之意。既言天地，又言山水者，天地間至大之物莫大於山水也。昭昭猶耿耿，小明也，指其一處言之，及其無窮則舉全體言也。振猶收也，卷，區也，言天地之覆載生成如此，則至誠之配天地可知也。故下又引詩合言之。

《詩》曰：「惟天之命，於穆不已」。蓋曰天之所以為天也。「於乎不顯，文王之德之純」。蓋曰文王之所以為文也，純亦不已。

此引詩又以文王之至誠證孔子也。命，即受命之命。天命，亦即篇首天命也。於，歎美詞。穆，深遠也。不已，即不息也。不顯，顯也。純，純一不雜也。言天之命至誠於於穆之中有不已者，故如文王其德之純乃無不顯然也。文莫文於文王，故孔子曰：文王既沒，文不在茲乎？純亦不已，與天合德，此乃天之命文王生是使獨也。孔子之聖，其至誠亦猶是矣，故下遂言聖人之道。

大哉，聖人之道！洋洋乎！發育萬物，峻極於天。優優大哉！禮儀三百，威儀三千。

聖人之道，即天道也。洋洋，流動充滿之意。峻，高大也。優優，充足有餘意。禮儀，經禮也。威儀，田禮也。以道之大綱言，則發育峻極，至大而無外也；以道之節目言，則三千三百，至小而無間也。此聖人之道所以大也。

待其人然後行，故曰：苟不至德，至道不凝焉。

其人即至誠其人也，惟至誠為能行聖人之道也。至德即性之德、至誠之德也，至道亦即聖人之道也。凝，聚也，成也。惟誠者為從容中道之聖人，則非至德不能凝至道矣。

故君子尊德性而道問學，致廣大而盡精微，極高明而道中庸，溫故而知新，敦厚以崇禮。

此君子，即指孔子言，所謂待其人而後行也。尊，謂敬以將之，即易之存存也。德，即至德。至德之性，雖人所同具，而能尊之者，惟君子也。道，由也。問，所以求知；學，所以求行也。惟君子知德性之當尊，而要不能憑虛而尊其道，必由於問學也。以下四句，皆問學之事。蓋君子既尊德性，則所問所學不可安於狹小，當致之於廣大。但致廣大，又恐有粗疏之弊，故必求盡精微也。亦不可甘於卑闇，當極之於高明。但極高明，又恐有過為非常，而近於無忌憚之弊，故必在道中庸也。溫，如得溫之溫。溫故，謂故學之熟，而又時繹之也。知新，有新得也。敦，加厚也。崇，尊守之也。禮，即所問所學之實事。三千三百，習其數，通其義，雖聖人有不敢易，無息也。而道問學，則雖聖人不廢誠之之人道也。廣大，猶博厚也。致廣大而盡精微，所以配地也。極高明而道中庸，所以配天出。至於溫故知新，敦厚崇禮，則其功效亦悠久無疆，而尤終始不離乎下學矣。

　　是故居上不驕，為下不倍。國有道，其言足以興；國無道，其默足以容。《詩》曰：「既明且哲，以保其身。」其此之謂與！

　　此崇禮以尊德性之效，至道之所以凝也。興，興起在位也。明，謂明於理，即明善也。哲，謂哲於事，即誠身也。保身，則反身而無不修之驗也。非聖如孔子，時措之宜，其孰能之？

　　子曰：「愚而好自用，賤而好自專，生乎今之世，反古之道，如此者，災及其身者也。」

　　此又引孔子之言，以證上保身之難也。自用自專反道，則皆不能崇禮矣。反古之道，即小人之反中庸也。天不變，道亦不變，因革損益，其事殊，其道同也。故春秋於變古而非禮者，無弗致譏，以其召裁也。

　　非天子，不議禮，不制度，不考文。

　　議，有所因革。損，益也。度，丈尺也。文，書名也。制考，亦皆改創之意。

　　今天下車同軌，書同文，行同倫。

　　今作記，時也。軌，轍跡之度。倫，禮之節文也。三者皆同，天下猶統於一也。

　　雖有其位，苟無其德，不敢作禮樂焉；雖有其德，苟無其位，亦不敢作禮樂焉。

　　作禮樂者，必聖人在天子之位，庶無自用自專之弊也。

　　子曰：「吾說夏禮，杞不足徵也；吾學殷禮，有宋存焉；吾學周禮，今用之，吾從周。」

　　此又引孔子之言，以證孔子雖有其德而無其位，故亦不敢作禮樂也。說詳言之也。徵，證也。夏禮既無可考證，殷禮雖存，又非當世之法，惟周禮為時王之制，今日所用，孔子既不得位，則從周而已。

　　「王天下有三重焉，其寡過矣乎！

　　重，猶要也。三重，時、德、位也。寡過道，中庸也。非有三重，則不免妄作而為小人之無忌憚矣。

　　上焉者雖善無徵，無徵不信，不信民弗從。下焉者雖善不尊，不尊不信，不信民弗從。

　　上焉者，謂時王以前，如夏、商之禮雖善，而當時不行，即無可考。下焉

者，謂聖人在下，如孔子雖善於禮，而不在尊位也。

故君子之道，本諸身，征諸庶民，考諸三王而不繆，建諸天地而不悖，質諸鬼神而無疑，百世以俟聖人而不惑。

君子雖槩言之，實皆謂孔子也。道即中庸之道，其大者在春秋之作，如贊易，論孝，剛詩、書，亦莫非是道也。本諸身，身修而無不誠，有其至德也。征諸庶民，驗其所信從也。建，立也，立於此而參於彼也。俟聖人而不惑，聖人復起不易也。

質諸鬼神而無疑，知天也；百世以俟聖人而不惑，知人也。

知天知人，謂天命之性與修道之教，皆無不本於誠身崇禮，其道同也。

是故君子動而世為天下道，行而世為天下法，言而世為天下則；遠之則有望，近之則不厭。

動，謂凡動作威儀，如鄉黨一篇所載也。道，共由也。行，謂見於事者。言，謂發為丈者。法則，猶云措詞為經，舉足為法也。望，想望風采也。不厭，樂於親炙也。

《詩》曰：『在彼無惡，在此無射。庶幾夙夜，以永終譽』。君子未有不如此，而蚤有譽於天下者也。」

射，厭也。無惡無射，必本於誠身崇禮也。夙夜，早夜也。此謂無惡無射也。譽，名也，實至而名隨之也。有譽於天下，而又得之於早，非聖人不能也。詩竟本謂早夜敬恭，故能無惡射以長終。譽於記者，引之以為早有譽於天下，亦斷章取義也。

仲尼祖述堯、舜，憲章文、武，上律天時，下襲水土。

祖述者，遠宗其道；憲章者，近守其法。律，亦述也。襲，因也。仲尼未得位，無行事可見，此專指作春秋言。如春秋之道，原於堯、舜，此篇言大知大孝，所以引舜也。其禮從乎文、武，此篇言九經政事，所以引文、武也。至所紀雖止一時之事，而天時之律，水工之襲，又無不備也。

譬如天地之無不持載，無不覆幬；譬如四時之錯行，如日月之代明。

此言春秋之文包羅萬象，條理燦然也。

萬物並育而不相害，道並行而不相悖，小德川流，大德敦化，此天地之所以為大也。

悖，猶背也。並育不相害，跂行喙息，各遂生生之理也。並行不相背，經

權通變，各得中庸之是也。川流者，如川之流，派別無窮也。敦化者，加厚其化，充周莫測也。小德之川流，如優優之三千三百也。大德之敦化，如洋洋之發育峻極也。此皆言春秋之義，無所不蘊，即大哉聖人之道，而天地之所以為大，其道亦不能有加者也。

　　唯天下至聖，為能聰明睿知，足以有臨也；寬裕溫柔，足以有容也；發強剛毅，足以有執也；齊莊中正，足以有敬也；文理密察，足以有別也。

　　足以有臨，足以出庶物而寧萬國也。其下四者，即仁義禮智之德，君臨天下之所分見者。非生知之至聖，不能有是德，亦以明春秋為天子之事。孔子雖無位，而其配天之德，無不備於春秋，故又以至聖之德業功效，次第詳之，並如下文所云也。

　　溥博淵泉，而時出之。

　　溥博，周徧而廣闊也。淵泉，靜深而有本也。出，發見也。言五者之德，元積於中，而以時發見於外也。

　　溥博如天，淵泉如淵。見而民莫不敬，言而民莫不信，行而民莫不說。

　　此又言充積極其盛，而發見當其可也。

　　是以聲名洋溢乎中國，施及蠻貊，舟車所至，人力所通，天之所覆，地之所載，日月所照，霜露所隊，凡有血氣者，莫不尊親，故曰配天。

　　此即所謂早有譽於天下，而以配天極言之也。

　　唯天下至誠，為能經綸天下之大經，立天下之大本，知天地之化育。

　　上既以至聖明春秋之作用，此下又以至誠明春秋之立體也。經者，理其緒而分之；綸者，比其類而合之。大經，大綱也。經綸天下之大經，謂其文之經緯天地也。天下之大本，即未發之中，人之性也。立，如修身道立之立，天下後世得所表則也。天地之化育，即繼善之性，天之命也。知，如知天知人之知，窮理盡性以至於命，而人物亦無不各盡其性也。

　　夫焉有所倚？肫肫其仁！淵淵其淵！浩浩其天！

　　肫肫，懇摯貌。淵淵，靜深貌。浩浩，高大不可窮貌。蓋貴為天子，則有貴之可倚；富有天下，則有富之可倚。如周官以九兩得民，必皆得所繫以為倚也。若孔子以匹夫作春秋，而義行天子之事，豈尚有所倚哉？但見肫肫然，則

其心之至仁也；淵淵然，則其體之至靜也；浩浩然，則其用之不可窮也。其仁盡人道也，其淵盡地道也，其天盡天道也，是為天德已矣。蓋孟子言孔子成春秋而亂臣賊子懼，即上至聖之配天，春秋所以垂治統也。又言孔子作春秋，竊取其義以存幾希，即此至誠之其天，春秋所以垂道統也。而聖教修道之淵源，與子思、孟子之授受，亦即於斯可見矣。

苟不固聰明聖知達天德者，其孰能知之？

固，猶實也。有天德而聲名洋溢，性善為人所同也。非達天德不知至誠，中庸不可能，惟聖人能知聖人也。

《詩》曰：「衣錦尚絅」。惡其文之著也。故君子之道，闇然而日章；小人之道，的然而日亡。君子之道，淡而不厭，簡而文，溫而理。

以下凡八引詩，皆以反覆詠歎孔子春秋之文。之即修道之教，故其德與天合，莫可名言也。衣錦尚絅，蓋逸詩文尚加也。絅，襌衣也。凡中衣衣錦者，外無不襲之以絅，此古人衣服之制，惡錦之外著也。君子之道，依乎中庸，故外雖闇然而日章也。小人好怪以求述，則一時雖的然而日亡矣。所以日亡者，其中無有也。不貴華麗故淡，不求詳贍故簡，不尚巧慧故溫，不厭於情當也，文於事備也，理於治宜也，此春秋之所以為春秋也。

知遠之近，知風之自，知微之顯，可與入德矣。

此又因上言知天德，而天德不易達，即其道不易知，故為下學者詳道有所由知，與德有所由入之方，以明孔子雖天德，而其道初不外是也。遠之近，謂天下之本在國，國之本在家也。風之自，如易大傳言風自火出，謂家之本在身也。微之顯，謂必心正而後身修也。此正與誠之不可揜，及篇首莫顯乎微應。心誠於中，微也；身形於外，顯也。獨倒言之者，皆一己之事，於人無與也。可與入德者自明，而誠教者之本意，亦即率性者之實功也。

《詩》云：「潛雖伏矣，亦孔之昭」。故君子內省不疚，無惡於志。君子之所不可及者，其唯人之所不見乎！

此又引詩言惟君子知微之顯，故能有慎獨之功也。省，察也。疚，病也。無惡於己之志，則誠意之功切矣。

《詩》云：「相在爾室，尚不愧于屋漏。」故君子不動而敬，不言而信。

此又引詩申言惟君子知微之顯，故能有戒慎恐懼於不睹不聞之功也。屋

漏，室西北隅也。不待言動而後敬信，則存心養性之功密矣。

　　《詩》曰：「奏假無言，時靡有爭。」是故君子不賞而民勸，不怒而民威於鈇鉞。

　　此又引詩言誠身足以格神，而人不待言也。奏，進也。假，古格字。無言，即不言而信也。時靡有爭，人皆化服，故勸威不待賞怒也。

　　《詩》曰：「不顯惟德，百辟其刑之。」是故君子篤恭而天下平。

　　此又引詩言君子之德日進，則其化愈速且遠也。不顯，顯也，即由於微者也。身修而德顯，諸侯自無不儀法也。篤恭，恭之至也。

　　《詩》云：「予懷明德，不大聲以色。」子曰：「聲色之於以化民，末矣。」

　　此又引詩及孔子之言，以明化民之不在聲色也。

　　《詩》曰：「德輶如毛。」毛猶有倫。

　　輶，輕也。此又引詩言舉德之輕，其易如毛，亦可謂有德者矣。然言毛則猶有可倫比而待於舉，未足以盡至德之妙也。

　　上天之載，無聲無臭，至矣！

　　此又引詩言君子之德，直如上天之始，無聲臭之可循，則其微乃真不可見，而其顯自充周不可窮，為德之至也。所謂至者，即中庸之至與聖之至、誠之至之天德也。

禮記卷三十二　表記

表，儀表也。篇中有仁者天下之表，因以為題。

子言之：「歸乎！君子隱而顯，不矜而莊，不厲而威，不言而信。」

孔子久於外，將歸老於魯，《憲，問》弟子以道之不行而自弛，故言。篇中凡八稱子，言之，皆發端起義之詞。若下更廣推詳說其事理，則直稱「子曰」也。隱而顯者，身雖隱而道當明也。矜厲言皆有為，為之不矜不厲不言而已。莊威信非聖人不能也，此即顯也。

子曰：「君子不失足於人，不失色於人，不失口於人。是故君子貌足畏也，色足憚也，言足信也。《甫刑》曰：『敬忌而罔有擇言在躬。』」

君子所貴乎道者三：動容貌，正顏色，出詞氣而已。不失足於人，如孔子不見陽貨，孟子不見諸侯皆是。不失色於人，則必有不可辱之色。不失口於人，如孟子不與王驩言之類也。甫刑，尚書篇名，即今呂刑也。言己盡敬忌，則人自無有可擇之言加於其身，專以證失口者，人之失於言尤易也。

子曰：「裼襲之不相因也，欲民之毋相瀆也。」

禮盛則制，不盛則裼。不相因者，或以裼為敬，或以襲為敬也。毋相瀆，謂禮有變革，則情不褻慢也。

子曰：「祭極敬，不繼之以樂；朝極辨，不繼之以倦。」

極，盡也。辨，所以致治也。祭之終，酬酢咲語，術而易弛，故以樂為戒。

子曰：「君子慎以辟禍，篤以不掩，恭以遠恥。」

篤，誠厚也。掩，困迫也，如易剛掩之掩。不掩者，無入不自得之意。恭者不侮人，故遠恥也。

子曰：「君子莊敬日強，安肆日偷。君子不以一日使其躬儳焉，如不終日。」

肆，放恣也。偷，苟且也。立而以物求市者，為儳勢不可終日者。

子曰：「齊戒以事鬼神，擇日月以見君，恐民之不敬也。」

見君俟擇日月，謂致仕者也。事神見君，亦互言之。

子曰：「狎侮，死焉，而不畏也。」

言以狎侮致死，而人終不知畏，傷人之樂於不敬，雖至死亡而不悟也。

子曰：「無辭不相接也，無禮不相見也，欲民之毋相褻也。《易》曰：『初筮告，再三瀆，瀆則不告。』」

詞者，相接之由。古者諸侯朝聘之事，必稱先君，以相接也。禮即贄也，所以示己求見之情。接有名，見有文，乃不褻也。

子言之：「仁者，天下之表也；義者，天下之制也；報者，天下之利也。」

仁者，人心所同得。人能堯己復禮，則天下歸仁，故曰天下之表。義者，宜也。制，裁斷也。報者，禮也。禮尚往來，則恩意洽而交利也。

子曰：「以德報德，則民有所勸；以怨報怨，則民有所懲。《詩》曰：『無言不讎，無德不報。』《太甲》曰：『民非後，無能胥以寧；後非民，無以辟四方。』」

讎，猶答也。大甲，逸書篇名，皆明相報之義。

子曰：「以德報怨，則寬身之仁也；以怨報德，則刑戮之民也。」

寬身之仁，雖不足懲，而處己尚不害過於寬仁也。以怨報德，則反易天常，乃法所必誅之亂民也。

子曰：「無欲而好仁者，無畏而惡不仁者，天下一人而已矣。是故君子議道自己，而置法以民。」

道緣理而精，故自己而進推之，責己厚也。法順情而粗，故以民而置防焉，責人薄也。

子曰：「仁有三：與仁同功而異情。與仁同功，其仁未可知也；與仁同過，然後其仁可知也。仁者安仁，知者利仁，畏罪者強仁。

三即安、利、強也。功，人所貪也；遇，人所避也。與仁同遇，則可以觀

過知仁矣。

仁者右也，道者左也。仁者人也，道者義也。厚於仁者薄於義，親而不尊；厚於義者薄於仁，尊而不親。

曰右曰左，言其相須而成也。而右先左後，若微有輕重之差。仁者人也，以本體言；道者義也，以致用言。又言厚薄，則人性有偏勝之氣質也。

道有至，有義，有考。至道以王，義道以霸，考道以為無失。」

有至下脫有字。至者，於道無不盡也。義者，制事各當其可也。考者，必則古昔，稱先王，庶幾非道不行也。王與霸皆足以治天下，然王道寬裕，君道也；霸道嚴正，臣道也。此指分陝之伯言，非五伯之伯也。然則無失者，亦足保守家國矣。

子言之：「仁有數，義有長短小大。中心憯怛，愛人之仁也；率法而強之，資仁者也。《詩》云：『豐水有芑，武王豈不仕！詒厥孫謀，以燕翼子，武王烝哉！』數世之仁也。國風曰：『我今不閱，皇恤我後。』終身之仁也。」

數，分數也。數與長短小大互言之耳。資，取也。性仁義者，其數長大；取仁義者，其數短小也。中心憯怛與率法而行，資力淺深之數；出數世之仁與終身之仁，功施久近之數也。芑，枸檵也。仕，事也。詒，遺也。燕，安也。翼，助也。烝，君也。閱，歷也。皇，暇也。

子曰：「仁之為器重，其為道遠，舉者莫能勝也，行者莫能致也，取數多者仁也；夫勉於仁者不亦難乎？是故君子以義度人，則難為人；以人望人，則賢者可知已矣。」

此亦言君子自待宜厚，而責人宜輕，以明仁義之不易純全也。以義度人，謂必以義繩人也。以人望人，猶以人治人也。

子曰：「中心安仁者，天下一人而已矣。大雅曰：『德輶如毛，民鮮克舉之。我儀圖之，惟仲山甫舉之，愛莫助之。』」

天下一人皆言，惟聖人能之，以極言仁之難安也。儀，擬也。愛，惜也。

《小雅》曰：「高山仰止，景行行止。」子曰：「《詩》之好仁如此。鄉道而行，中道而廢，忘身之老也。不知年數之不足，俛焉日有孳孳，斃而後已。」

景，行大道也。足疾曰廢。中道而廢，忘身之老，言雖力竭不能自前，而

猶忘老而必進，好仁之至，天壽不貳也。

子曰：「仁之難成久矣，人人失其所好，故仁者之過易辭也。」

人人，謂眾人失其所好者。人之所當好莫如仁，而人皆不好也。辭，解說也。仁者既有志於仁，則必不至失其所好，故雖有過，非其本心，人亦諒之。記者之意，又示人不可畏仁之難而不好也。

子曰：「恭近禮，儉近仁，信近情。敬讓以行，此，雖有過，其不甚矣。夫恭寡過，情可信，儉易容也。以此失之者，不亦鮮乎？《詩》曰：『溫溫恭人，惟德之基。』」

凡事得則為當，失明為過。過之不甚，由其失鮮故也。此又以仁之難，而勉人以求仁取近之方也。

子曰：「仁之難成久矣，惟君子能之。是故君子不以其所能者病人，不以人之所不能者愧人。是故聖人之制行也，不制以己，使民有所勸勉愧恥，以行其言。禮以節之，信以結之，容貌以文之，衣服以移之，朋友以極之，欲民之有壹也。小雅曰：『不愧于人，不畏于天。』

聖人制行，以中人為制，則賢者勸勉，不及者愧恥，其言乃行也。蓋人之所不能者，非中道故也。結，約也。文之則以飾其質，移之則以改其容，極之則以致於道，壹不貳也。必如是，乃能專心於善，而內外交修，庶幾不愧畏於天人也。引詩亦斷章取義。

是故君子服其服，則文以君子之容；有其容，則文以君子之辭；遂其辭，則實以君子之德。

遂，猶成也。實，猶充也。

是故君子恥服其服而無其容，恥有其容而無其辭，恥有其辭而無其德，恥有其德而無其行。

有德無行，謂義理亦明於心，然或遭變故而失其操，如見義而不為者。

是故君子衰絰則有哀色，端冕則有敬色，甲胄則有不可辱之色。《詩》云：『惟鵜在梁，不濡其翼。彼記之子，不稱其服。』」

鵜，鵜胡，污澤也，善入水捕魚。梁，魚所往來處。不濡翼則不捕魚，喻小人居高位而不事事也。記，語詞。引詩以明容當稱服，如小人赤芾，必致譏也。

子言之：「君子之所謂義者，貴賤皆有事於天下。天子親耕，粢盛秬

墨，以事上帝，故諸侯勤以輔事於天子。」

此明義以制事，故所謂義者，貴賤各事其所當事而已。天子諸侯之貴，尚各事所當事，而況臣民乎？

子曰：「下之事上也，雖有庇民之大德，不敢有君民之心，仁之厚也。是故君子恭儉以求役仁，信讓以求役禮，不自尚其事，不自尊其身，儉於位而寡於欲，讓於賢，卑己尊而人，小心而畏義，求以事君，得之自是，不得自是，以聽天命。《詩》云：『莫莫葛藟，施于條枚；凱弟君子，求福不回。』其舜、禹、文王、周公之謂與！有君民之大德，有事君之小心。《詩》云：『惟此文王，小心翼翼，昭事上帝，聿懷多福，厥德不回，以受方國。』」

此詳所以為仁之實。蓋深痛春秋之諸侯大夫，其僭亂無君由於不仁，故舉舜、禹、文、周以為事上之準。蓋桓、文之盛，其後終奪於強臣，以視舜、禹、文、周之受福於天，固不可同日而語，而況齊之陳民、晉之三族、魯之三桓，專務回邪，又安能受福乎？受方國獨舉文王者，舜、禹、周公所事皆聖賢之君，而文王事紂，獨遭君臣之變以新天命，而厥德不回，為尤難耳。求役仁禮，求為仁禮所用也。得之不得，謂能得君與否也。自，由也。是猶此也。仁之厚，即義之事也。

子曰：「先王諡以尊名，節以壹惠，恥名之浮於行也。是故君子不自大其事，不自尚其功，以求處情；過行弗率，以求處厚；彰人之善而美人之功，以求下賢。是故君子雖自卑，而民敬尊之。」

諡者，行之跡也。尊名，尊生前之名而諱之也。節者，諡有不勝言，則節取其一端之大者以為諡，如父王之文，武王之武也。壹，專一也。惠，猶善也。情，實也。過行弗率，如過恭過哀，止以自盡，弗以率人，此躬自厚之道也。求處情、處厚、下賢三者，皆自卑之道也。民敬尊之，卑而不可踰也。

子曰：「后稷，天下之為烈也，豈一手一足哉！唯欲行之浮於名也，故自謂便人。」

烈，業也。后稷教稼穡，天下世以為業，其功大矣。便，習也。自謂習於稼穡之人，此后稷自謙之詞，欲實行之過於名也。

子言之：「君子之所謂仁者其難乎！《詩》云：『凱弟君子，民之父母。』凱以強教之；弟以說安之。樂而毋荒，有禮而親，威莊而安，孝

慈而敬。使民有父之尊，有母之親。如此而後可以為民父母矣，非至德
其孰能如此乎？

凱，樂也。弟，有禮也。強教，則毋荒矣。說安，則親矣。威莊而安，有
禮而親之效。山，孝慈而敬，樂而毋荒之效也。強教，父道也。說安，母道也。
天下莫不尊親，謂之至德。

今父之親子也，親賢而下無能；母之親子也，賢則親之，無能則憐
之。母，親而不尊；父，尊而不親。水之於民也，親而不尊；火，尊而
不親。土之於民也，親而不尊；天，尊而不親。命之於民也，親而不尊；
鬼，尊而不親。」

或見尊，或見親，以嚴與恩，所尚異也。命如誥命，其諄復化誘，不啻父
兄之語子弟也。若盤庚言斷棄用罰，則稱高后及其祖父以臨之。蓋古民之畏鬼
神，過於教令矣。

子曰：「夏道尊命，事鬼敬神而遠之，近人而忠焉，先祿而後威，先
賞而後罰，親而不尊；其民之敝：蠢而愚，喬而野，朴而不文。殷人尊
神，率民以事神，先鬼而後禮，先罰而後賞，尊而不親；其民之敝：蕩
而不靜，勝而無恥。周人尊禮尚施，事鬼敬神而遠之，近人而忠焉，其
賞罰用爵列，親而不尊；其民之敝：利而巧，文而不慚，賊而蔽。」

三代之興，皆有實德以仁民，故其民之事君，如父母之尊親，亦無有不兼
至者。及其末世，不能無敝，則上之政教日衰，而時勢之變遷，又因之而不能
不有偏勝也。命，謂政教之命，使人樂事勸功也。慈恩，其情性也。喬野，其
風俗也。喬，如喬木之知妄自高大也。朴而不文，其作為也。蕩而不靜者，放
蕩以僥倖而不自靜，惑於神鬼虛無，故求之多幻妄也。勝，相遁以求勝也。無
恥，幸免也。皆先罰使然。賞罰用爵列，則意主優賢，爵尊者先賞，爵卑者先
罰也。利而巧者，事為使利，智慧機巧也。文而不慚，尚虛文為美觀，無誠實
之心，不以為愧也。賊而蔽，本心壞，而正理終昧也。此皆尊禮尚施，多交際
煩文之敝也。記者備陳之，以示後世，則知政教所尚，有盛必有衰，衰則不能
無敝。而有為民父母之責者，跡其敝而思所以救之，雖百世可知也。

子曰：「夏道未瀆辭，不求備，不大望於民，民未厭其親；殷人未瀆
禮，而求備於民；周人強民，未瀆神，而賞爵刑罰窮矣。」

瀆，煩褻也。夏時風淳事簡，不尚文詞，多為詔誥，故雖有求望於民，而

猶不備不大，民亦樂親其上而未厭也。殷如盤庚之誥，詞已瀆矣，則不能不求備於民，而於禮猶略。周尊神以強民，煩文縟節，可謂瀆矣，然求神之事猶略，而賞爵刑罰已無不詳而極也。至春秋之末，會盟日繁，而要神不信，則瀆神又盛，而其敝乃不知所底矣。此等不似聖人之言，蓋聖門之徒，而兼雜於老氏之學者。然於時世遷流之敝，頗亦有所見而言。

子曰：「虞夏之道，寡怨於民；殷周之道，不勝其敝。」

殷周之道，非有敝也。■之敝，立法以禁之，而法中又生敝焉，則終無以勝之矣。

子曰：「虞夏之質，殷周之文，至矣。虞夏之文不勝其質；殷周之質不勝其文。」

言各有所勝也。

子言之曰：「後世雖有作者，虞帝弗可及也已矣。君天下，生無私，死不厚其子；子民如父母，有憯怛之愛，有忠利之教；親而尊，安而敬，威而愛，富而有禮，惠而能散；其君子尊仁畏義，恥費輕實，忠而不犯，義而順，文而靜，寬而有辨。《甫刑》曰：『德威惟威，德明惟明。』非虞帝其孰能如此乎？」

生無私序，爵必以德也。不厚其子，言既不傳位，又無以豐饒於諸臣也。其君子，謂當時有爵位之人。仁者，天下之表，故在所尊。義者，天下之制，故在所畏。恥費，自奉有節也。實，謂財貨輕。實，與人無各也。德所威，則人皆畏之，言服罪也。德所明，則人皆尊寵之，言得人也。蓋自下之事上至自謂便人，言臣道之難於盡仁，惟舜、禹、文、周可以為仁之厚，而如后稷之仁，猶自謙也。自凱弟君子至此，言君道之難於盡仁，惟虞帝可以為德之至，而夏、商、周亦未免有偏也。蓋極言仁道之大如此，而君子又不可以其難而不自勉也。

子言之：「事君先資其言，拜自獻其身，以成其信。是故君有責於其臣，臣有死於其言。故其受祿不誣，其受罪益寡。」

資，取也。先資其言，謂敷納以言也。拜，拜受命而委質也。獻，謂效能也。自獻其身，猶云致其身也。臣能承命為信，能從所言而行之，死於其言，害死而不負所言也。臣能任責而不尸祿，則受祿不誣矣。受祿不誣，則雖或以忠獲罪，而受罪益寡矣。

子曰：「事君，大言入則望大利，小言入則望小利。故君子不以小言受大祿，不以大言受小祿。《易》曰：『不家食，吉。』」

利者，利於國，利於民也。事有大小而言隨之，故所望亦異。小言受大祿則有尸利之嫌，大言受小祿則有屈道之累，皆當引身而退也。引易詞，見易之所謂不家食吉者，其義如此也。

子曰：「事君不下達，不尚辭，非其人弗自。小雅曰：『靖共爾位，正直是與。神之聽之，式穀以女。』」

下，如臣下之下。不下達，不以私事自通於君，嫌恃寵也。不尚詞，不多出浮華之言，嫌失實致欺也。弗自，不由之以進，嫌比匪而枉己也。靖，即不下達也。共，即不尚詞也。與正直，即非人弗自也。穀，善也。

子曰：「事君遠而諫，則諂也；近而不諫，則尸利也。」

遠而諫，位卑而言高也。諂者，陵節犯分，以求自達，非其職也。近有言責者，主也，言專主也。

子曰：「邇臣守和，宰正百官，大臣慮四方。」

邇臣，侍御僕從朝夕在側之臣。和，謂獻可替否，調和君身也。守者，君身之善否，乃邇臣之專責，不可失守者也。宰，冢宰也。百官，在朝之臣。正者，任之各以其能，以治內也。大臣，若二伯。慮，謀議也。四方，九牧之職，謂諸侯也。如此，則臣道之大綱舉，而天下易治也。

子曰：「事君欲諫不欲陳。《詩》云：『心乎愛矣，瑕不謂矣？中心藏之，何日忘之』」？

陳，言其過於外也。瑕，病也，言君身有瑕玷也。詩作遐，與此異義，謂告也，猶陳也。

子曰：「事君難進而易退，則位有序；易進而難退，則亂也。故君子三揖而進，一辭而退，以遠亂也。」

亂，謂賢否不別。

子曰：「事君三違而不出竟，則利祿也。人雖曰不要，吾弗信也。」

違，去也，謂去職守而不仕也。祿，田邑也。

子曰：「事君慎始而敬終。」

輕交易絕，君子所恥。

子曰：「事君可貴可賤，可富可貧，可生可殺，而不可使為亂。」

亂，謂違廢事君之禮。

子曰：「事君，軍旅不辟難，朝廷不辭賤；處其位而不履其事則亂也。故君使其臣得志，則慎慮而從之；否，則孰慮而從之。終事而退，臣之厚也。《易》曰：『不事王侯，高尚其事。』」

賤，下位也。履，猶行也。亂，謂失名實也。得志，謂君使當己之任也。從，從其事也。否，非己志所願也。熟慮，恐志事不相當而有不勝任，故加慎也。終事而退，謂不得志之事也。必終事者，君命不可廢也。終事即去者，亦不可貶道以累上也。引易以反結之，見既仕則君命不可違，惟不仕乃可尚志耳。

子曰：「唯天子受命於天，士受命於君。故君命順則臣有順命；君命逆則臣有逆命。《詩》曰：『鵲之姜姜，鶉之賁賁；人之無良，我以為君。』」

言惟天子受命於天，若士以上，凡為臣者，無不受命於君也。命順，順天命以命其臣也。順命者，天工人代，故臣莫敢不順命也。命逆，逆天命也。逆命者，君既逆天，則臣自不從君命也。引詩言鵲性堅強，鶉性義勇，以明為臣當死制，不可苟從君之逆命。

子曰：「君子不以辭盡人。故天下有道，則行有枝葉；天下無道，則辭有枝葉。

盡，猶定也，信也。謂不可以虛言，而遂盡信其人之實行也。枝葉者，幹之餘文。行有枝業，儀節詳明也。詞有枝葉，嫌虛詞失實矣。

是故君子於有喪者之側，不能賻焉，則不問其所費；於有病者之側，不能饋焉，則不問其所欲；有客，不能館，則不問其所舍。

不能而問，是為虛美之詞，皆枝葉也。

故君子之接如水，小人之接如醴。君子淡以成，小人甘以壞。小雅曰：『盜言孔甘，亂是用餤。』」

水淡雖無味而可久，醴甘雖有味而易變。餤，進也。

子曰：「君子不以口譽人，則民作忠。故君子問人之寒，則衣之，問人之饑，則食之，稱人之美，則爵之。國風曰：『心之憂矣，於我歸說。』」

以口譽人，徒於口作虛美也。如問人，稱人而不衣食爵也。作忠，興於誠厚也。引詩言心憂，謂憂口譽也。說喜悅也，即譽也。言以口譽人，乃歸之於我也。

子曰：「口惠而實不至，怨菑及其身。是故君子與其有諾責也，寧有已怨。國風曰：『言笑晏晏，信誓旦旦，不思其反。反是不思，亦已焉哉！』」

口譽，內外不相應也。口惠，終始不相副也。諾責者，已許人物而實不至，被人責也。已怨者，人有望於我，我不諾而止之，為人怨也。晏，晚也。旦，早也。言咲晏晏，信誓旦旦，謂早晚以口惠悅人也。反，復也，謂以實至也。

子曰：「君子不以色親人。情疏而貌親，在小人則穿窬之盜也與？」

色如色莊之色，情疏貌親，外內乖異，不誠如盜，畏人知也。

子曰：「情欲信，辭欲巧。」

信，實也。巧，好也。言必先情欲信而後可。詞欲巧，語意與言行不必信，果必惟義所在相似。

子言之：「昔三代明王，皆事天地之神明，無非卜筮之用，不敢以其私，褻事上帝，是故不犯日月，不違卜筮。

不犯。不違者，凡卜日必先期十日，既卜吉之後，必無有凶喪之事違犯之，而致廢事也。此亦因春秋諸侯大夫瀆神僭禮，動多違犯而言。至歲事之常，其日本無可卜，所卜者尸與牲耳。若魯之卜郊屬，皆因僭而多為，非禮繁父也。況於廟祀之常，其歲薦亦可遣攝，尤無庸卜乎？若有大事，卜而不吉，則當廢，不能橋舉也。蓋雖欲矯舉，亦必有他故以撓之，不成乎祭矣。於此可以知先王之事神明，必待卜筮，不敢私褻，與末世僭瀆殊也。

卜筮不相襲也。大事有時日，小事無時日，有筮。

不相襲，謂卜用三兆，筮用三易，不專於一人也。大事之有時日者，必先卜而後筮，重其事也。小事無時日者，但筮而已。有時日，如祭當孟月者，仲月猶及祭，則卜之；若至季月，則不及事也。

外事用剛日，內事用柔日，不違龜筮。

已詳曲禮。

子曰：「牲牷、禮樂、齊盛，是以無害乎鬼神，無怨乎百姓。」

牲牷禮樂齊盛，所以備物致敬也。無害無怨，民和而神降福也。

子曰：「后稷之祀易富也。其辭恭，其欲儉，其祿及子孫。《詩》曰：『后稷兆祀，庶無罪悔，以迄于今。』」

富，備也。兆，蓋古肇字。或曰：自商以來，以棄易柱為后稷，而配郊社，其祀皆有北位也。祿及子孫，謂後世有天下也。故引詩言迄於今。

子曰：「大人之器威敬。天子無筮，諸侯有守筮。天子道以筮，諸侯非其國不以筮，卜宅寢室。天子不卜處大廟。」

大人，謂凡所尊貴者。威敬，言其用之尊嚴。無筮，無徒筮之事也。守筮，守國之筮，國有事則用之，如小事無時日者。道以筮，在道有小事則用筮，其禮略降於在國也。諸侯入他國不以筮，不敢問吉凶於人國，所以敬主也。卜宅寢室，主國卜宅以處賓，所以敬賓也。不卜而處大廟，亦謂在諸侯之國。

子曰：「君子敬則用祭器，是以不廢日月，不違龜筮，以敬事其君長。是以上不瀆於民，下不褻於上。」

敬，謂敬人如神也。若人臣膳君，及天子適諸侯，諸侯燕於其臣，則用祭器卜日而請之，所以致敬，不瀆褻也。至大事，如朝聘冠昏，自不用燕器矣。

禮記卷三十三　緇衣

此篇公孫尼子作，因篇中有「好賢如緇衣」句，因名。

子言之曰：「為上易事也，為下易知也，則刑不煩矣。」

君仁則易事，臣忠則易知，否則上將淫刑以逞，而下亦多懷奸罔上之獄也。

子曰：「好賢如《緇衣》，惡惡如《巷伯》，則爵不瀆而民作願，刑不試而民咸服。大雅曰：『儀刑文王，萬國作孚。』」

鄭武公好賢，作緇衣詩以禮賢。寺人傷於讒，作巷伯詩以刺讒。其好惡皆誠切之至也。作，興也。咸，感也。儀，擬也。刑，法也。言緇衣、巷伯之好惡得正，　出於誠，即文王之德所以化天下也，故又引詩以明之。邦作國，避漢諱也。

子曰：「夫民，教之以德，齊之以禮，則民有格心；教之以政，齊之以刑，則民有遁心。故君民者，子以愛之，則民親之；信以結之，則民不倍；恭以蒞之，則民有孫心。《甫刑》曰：『苗民罪用命，制以刑，惟作五虐之刑曰法。是以民有惡德，而遂絕其世也。』」

格，來也，感而來之也。遯，逃避也，謂苟免也。子，愛性也。信，結情也。恭，蒞躬行也。孫，順也。甫刑，即呂刑也。命，帝命也，今作靈，蓋師授各異。制，造作也，絕世無後也。

子曰：「下之事上也，不從其所令，從其所行。上好是物，下必有甚者矣。故上之所好惡，不可不慎也，是民之表也。」

民之從君，從所好惡，如影逐表也。

子曰：「禹立三年，百姓以仁遂焉，豈必盡仁？《詩》云：『赫赫師

尹，民具爾瞻。』《甫刑》曰：『一人有慶，兆民賴之。』大雅曰：『成王之孚，下土之式。』」

遂，暢達也。言豈百姓盡能由仁，禹所化也。三引詩、書，皆言下義，視法由於上也。

子曰：「上好仁，則下之為仁爭先人。故長民者章志、貞教、尊仁，以子愛百姓；民致行己以說其上矣。《詩》云：『有梏德行，四國順之。』」

章，明也。貞，正也。民致行己，民之行皆盡己也。梏，直大也，詩作覺。

子曰：「王言如絲，其出如綸；王言如綸，其出如綍。故大人不倡游言。可言也，不可行，君子弗言也；可行也，不可言，君子弗行也。則民言不危行，而行不危言矣。《詩》云：『淑慎爾止，不愆於儀。』」

綸，綬也，大於絲。綍，大索也，又大於綸。言其端甚微，其出則甚大也。游，浮也，不可用之言也。可言不可行，如老莊之志於上古是也。可行不可言，如北宮之女不嫁以養父母，陽城兄弟相愛而終身不娶是也。危，過高而不相顧也。弗言弗行，則庶幾言顧行而行顧言矣。

子曰：「君子道人以言，而禁人以行。故言必慮其所終，而行必稽其所敝；則民謹於言而慎於行。《詩》云：『慎爾出話，敬爾威儀。』大雅曰：『穆穆文王，於緝熙敬止。』」

道人以言，以誥誓曉諭之也。禁人以行，身為之法，民自不敢為非也。言雖善，必虞其所終，終不可行，如諸子之詖淫，其終有所偏也。行雖善，必考其所敝，敝則為害，如為我兼愛，至於無父無君，其敝不可勝言也。

子曰：「長民者，衣服不貳，從容有常，以齊其民，則民德壹。《詩》云：『彼都人士，狐裘黃黃。其容不改，出言有章。行歸于周，萬民所望。』」

服其服，則文以君子之容，故其效至，民德歸厚也。

子曰：「為上可望而知也，為下可述而志也，則君不疑於其臣，而臣不惑於其君矣。《尹吉》曰：『惟尹躬及湯，咸有壹德。』《詩》云：『淑人君子，其儀不忒。』」

可望而知，謂貌不藏情，即易事也。可述而志，謂極誠奉上，可敘述而筆之於書，即易知也。尹吉詳後。

子曰：「有國者，章善癉惡，以示民厚，則民情不貳。《詩》云：『靖

共爾位，好是正直。』」

　　善，唐石經作義。陸氏釋文云：章義，如字。尚書作善。按尚書，偽古文也，唐時猶作義。宋刻本始據偽書改善，不可從。癉，病也。厚，猶專也。明義以病惡，則民皆知去惡而徙義，以專於為義，故民情一也。

　　子曰：「上人疑則百姓惑，下難知則君長勞。故君民者，章好以示民俗，慎惡以御民之淫，則民不惑矣。臣儀行，不重辭，不援其所不及，不煩其所不知，則君不勞矣。《詩》云：『上帝板板，下民卒癉。』小雅曰：『匪其止共，惟王之邛。』」

　　疑者，好惡不順人情則難事，故百姓惑也。難知，姦偽莫測也。難知則難使，故君長勞也。御，猶閑也。淫，過也。儀，擬也。行，所當為之事也。儀行則詳慎於所行，不重詞，不以虛言為尚也。援，攀求也。不及己，才之所不及也。煩，猶累也。不知君，所不當知者，有司之末務，不敢以煩君聽也。上帝，喻君也。板板，如木之分散而瑣碎也。卒，盡也。功，勞也。

　　子曰：「政之不行也，教之不成也，爵祿不足勸也，刑罰不足恥也。故上不可以褻刑而輕爵。《康誥》口：『敬明乃罰。』《甫刑》曰：『播刑之不迪。』」

　　上言好惡，此言刑爵者，好惡本諸心，必形諸政教，而刑爵從之也。迪，道也。不迪，迪也，語助詞。

　　子曰：「大臣不親，百姓不寧，則忠敬不足，而富貴已過也；大臣不治而邇臣比矣。故大臣不可不敬也，是民之表也；邇臣不可不慎也，是民之道也。君毋以小謀大，毋以遠言近，毋以內圖外，則大臣不怨，邇臣不疾，而遠臣不蔽矣。葉公之顧命曰：『毋以小謀敗大作，毋以嬖御人疾莊后，毋以嬖御士疾莊士、大夫、卿、士。』」

　　親，信用也。忠，謂臣。敬，謂君已過太甚也。富貴已過，謂君臣驕侈太甚也。治，堪其任也。大臣，非君子不能勝其任，則必與近臣朋比以欺君也。邇臣，凡侍御僕從之臣。表者，民所望也。道者，民所從也。小臣謀大臣，則大臣怨不以矣。遠臣間近臣，則近臣妒遠臣矣。內之寵臣圖在外宣力之士，則外臣之賢勞壅蔽而不知矣。葉公，楚葉公子高也。顧命，臨終遺命也。小謀，小臣之謀。大作，大臣所為，國之大事也。嬖御人，愛姜也。疾，妒忌也。莊后，嫡夫人也。嬖御士，幸臣也。莊士，大夫卿士朝臣之忠正者。

子曰：「大人不親其所賢，而信其所賤；民是以親失，而教是以煩。《詩》云：『彼求我則，如不我得；執我仇仇，亦不我力。』《君陳》曰：『未見聖，若己弗克見；既見聖，亦不克由聖。』」

端人正士，非不知其賢也，以其防己之欲而不能親；便僻側媚，非不知其賤也，以其便己之私而遂信之。此民所以失其親上之心，而視教令為具文也，則以為法也。君陳，尚書逸篇名。

子曰：「小人溺於水，君子溺於口，大人溺於民，皆在其所褻也。夫水近於人而溺人，德易狎而難親也，易以溺人；口費而煩，易出難悔，易以溺人；夫民閉於人，而有鄙心，可敬不可慢，易以溺人。故君子不可以不慎也。《太甲》曰：『毋越厥命以自覆也；若虞機張，往省括於厥度則釋。』《兌命》曰：『惟口起羞，惟甲胄起兵，惟衣裳在笥，惟干戈省厥躬。』《太甲》曰：『天作孽，可違也；自作孽，不可以逭。』《尹吉》曰：『惟尹躬天，見於西邑；夏自周有終，相亦惟終。』」

溺，覆沒不能自振也。德，水之性也。費，所用廣也。煩，不能節也。人，謂有司百官。閉，壅也。閉於人，其情為人所閉，不能上達也。鄙心，意見淺陋也。有鄙心則易騰怨謗也。大甲、兌命，皆逸書。越，蹵也。覆，敗也。虞，虞人也。機，弩牙也。度，所擬射者。羞，辱也。多言則召辱，耀兵則召寇。笥，衣箱也。在笥不可枉費，重命服也。干戈以討有罪，省厥躬，必己無僭忒而後可責人也。違，避也。逭，逃也。此又言尹吉，蓋尹氏吉字為周尹吉甫也。躬，其先祖或字也。見，如覲見之見。夏，大也，如區夏、華夏之夏。周，岐周也。言吉之先尹躬，天意顯見之於西周盛大之時也。有終，如詩言有初有終也。自周有終者，當周室初興，而尹躬即令終有後也。相，助也。相亦惟終，謂助其後人亦皆有終也。然則前所引及湯之湯，蓋亦躬之後言之先業。此篇所引有葉公南人，原不止詩、書、易耳。

子曰：「民以君為心，君以民為體；心莊則體舒，心肅則容敬。心好之，身必安之；君好之，民必欲之。心以體全，亦以體傷；君以民存，亦以民亡。《詩》云：『昔吾有先正，其言明且清，國家以寧，都邑以成，庶民以生；誰能秉國成，不自為正，卒勞百姓。』《君雅》曰：『夏日暑雨，小民惟曰怨；資冬祁寒，小民亦惟曰怨。』」

此言君民相須，治民之道不可不慎也。詩，逸詩。先正，先君長之。為人所取正者，不自為正，不能正己也。君雅，鄭氏以為君牙，亦逸書也。資，藉

也。析，求也。冬不寒則陽氣泄，春且為災，故藉冬求寒以斂之。時非寒暑不成，而民猶苦之而怨，極言治民之不易也。

子曰：「下之事上也，身不正，言不信，則義不壹，行無類也。」

義者，事之宜也。不壹，是無義也。類，似也。無類，是無行也。立身不正，出言不信，有如此而望君之信從，豈可得哉！

子曰：「言有物而行有格也；是以生則不可奪志，死則不可奪名。故君子多聞，質而守之；多志，質而親之；精知，略而行之。《君陳》曰：『出入自爾師虞，庶言同。』《詩》云：『淑人君子，其儀一也。』」

物，謂事驗也。格，謂成式也。質，證也。志，記也。聞於耳者，或慮不質。志於古者，或不宜於今。故必皆有證，而可守可親也。精知，知之至也。略舉，兵要也。自，由也。師，眾也。虞，度也。庶言同者，庶幾所言同於眾也。一，不二也。引君陳，證多聞多志。引詩，證精知也。

子曰：「唯君子能好其正，小人毒其正。故君子之朋友有鄉，其惡有方。是故邇者不惑，而遠者不疑也。《詩》云：『君子好仇。』」

毒，害也。言君子小人非特其身之正不正異也，其所好所惡又各不同，故所友所惡又不可不慎也。好，善也。仇，匹也。此引詩亦斷章取義。

子曰：「輕絕貧賤，而重絕富貴，則好賢不堅，而惡惡不著也。人雖曰不利，吾不信也。《詩》云：『朋友攸攝，攝以威儀。』」

利，貪利也。攝，檢束也。攝以威儀，重在責善，不可以貧賤富貴分輕重也。

子曰：「私惠不歸德，君子不自留焉。《詩》云：『人之好我，示我周行。』」

私惠，以私意相厚也。不歸德，不以德義為主也。留，受也。

子曰：「苟有車，必見其軾；苟有衣，必見其敝；人；苟或言之，必聞其聲；苟或行之，必見其成。《葛覃》曰：『服之無射。』」

見軾以車始成，言從前言也；見敝以衣必敝，言從後言也。服，猶事也，無義同母。射，厭也。言人當終身以慎言慎行為事，不可厭怠也。亦斷章取義。

子曰：「言從而行之，則言不可飾也；行從而言之，則行不可飾也。故君子寡言，而行以成其信，則民不得大其美而小其惡。《詩》云：『自圭之玷，尚可磨也；斯言之玷，不可為也。』小雅曰：『允也君子，展也

大成。」《君奭》曰:『昔在上帝,周田觀文王之德,其集大命於厥躬。』」

從,猶隨也。人欲行惡,亦莫之能禁,然言之而不善,則亦不可飾也。寡言,慎言也。究之行難言易,故又專以寡言成信為言也。大,為虛美也。小,加掩飾也。《君奭》,《尚書》篇名。周田,近周之田。虞、芮所爭者,二國讓為閒田。文王之德所化,所以能受天命而有天下也。周田觀文王,今書作割申勸寧王,漢時博士又讀為厥亂勸寧王,經師各從所受為講讀也。

子曰:「南人有言曰:『人而無恒,不可以為卜筮。』古之遺言與?龜筮猶不能知也,而況於人乎?《詩》云:『我龜既厭,不我告猶。』《兌命》曰:『爵無及惡德,民立而正事,純而祭祀,是為不敬;事煩則亂,事神則難。』《易》曰:『不恒其德,或承之羞。恒其德偵,婦人吉,夫子凶。』」

為,去聲。無恒之人,情意莫必,雖卜筮不能為定。徙,違也,猶未決之歧道也。爵無及惡德民者,爵不可及惡德民也。爵而及惡德之民,如使立朝而治事,衣純而祭祀,是其所為必皆不敬也。以不敬而事煩劇,則見至於亂;以不敬而事鬼神,則尤難也。偵,與貞同,正也,以恒德為正也。蓋無恒之人,其德必惡,然使恒其德以為正,則吉凶又有別焉,亦惟主於無惡而敬乃可耳。

禮記卷三十四　奔喪

漢興，得古禮五十七篇，其十七篇為儀禮四十篇，藏在秘府，謂之逸禮，此四十篇之一也。鄭注於此篇引逸奔喪禮，則又在此篇之外。

奔喪之禮：始聞親喪，以哭答使者，盡哀；問故，又哭盡哀。遂行，日行百里，不以夜行。唯父母之喪，見星而行，見星而舍。若未得行，則成服而後行。過國至竟，哭盡哀而止。哭辟市朝。望其國竟哭。

哭答，驚恒之哀，無詞也，故喪所由也。遂行，不為位，不成服也。吉行日五十里，哀切喪遽，故倍也。見星者，侵晨冒昏，彌益促也。未得行，若奉君命，有公事之屬也。過國至竟，感念今昔，存亡異也。辟市朝，為驚眾也。

至於家，入門左，升自西階，殯東，西面坐，哭盡哀，括髮袒，降堂東即位，西鄉哭，成踊，襲絰於序東，絞帶。反位，拜賓成踊，送賓，反位；有賓後至者，則拜之，成踊、送賓皆如初。眾主人兄弟皆出門，出門哭止；闔門，相者告就次。於又哭，括髮袒成踊；於三哭，猶括髮袒成踊。三日，成服，拜賓、送賓皆如初。

升自西階，未忍異於生也。括髮，袒去飾也。降堂東即位，已殯則位在堂下也。絰，首絰也。絞帶，像革帶者，於上尚加散垂之要絰。不言省文。奔喪無馮尸禮，故與在家異。不於又哭乃絰，喪已踰月也。如未小斂而至，仍與在家同。凡拜賓者就其位，既拜反位。

眾主人兄弟皆出門，出門哭止，闔門相者告就次。於又哭，括髮袒成踊；於三哭，猶括髮袒成踊。三日成服，拜賓、送賓皆如初。

次，倚廬也。又哭，明日朝也。三哭，又明日朝也。皆升堂如始至，象小

― 443 ―

斂、大斂時也。

奔喪者非主人，則主人為之拜賓送賓。奔喪者自齊衰以下，入門左中庭北面哭盡哀，免麻於序東，即位袒，與主人哭成踊。於又哭、三哭皆免袒，有賓則主人拜賓、送賓。丈夫婦人之待之也，皆如朝夕哭位，無變也。

不升堂哭者，非父母之喪，統於主人也。麻亦絰帶也。言麻者，明所奔喪雖有輕者，不至喪所，無改服也。凡袒於位，襲於序東，不相因位。此麻乃袒，變於為父母也。又哭、三哭，亦入門左，中庭北面，如始至時也。待奔喪者無變，嫌賓客之也。必言待之，明奔喪至三哭，猶不序入也。

奔母之喪，西面哭盡哀，括髮袒，降堂東即位，西鄉哭，成踊，襲免絰於序東，拜賓、送賓，皆如奔父之禮，於又哭，不括髮。

若庶子，則亦主人為之拜賓、送賓。不括髮者，免而已。

婦人奔喪，升自東階，殯東，西面坐，哭盡哀；東髽，即位，與主人拾踊。

婦人，姑、姊妹、女子子也。東階，側階也。東髽之東，蓋謂房中，其位在堂上。拾，更也。主人與拾踊，賓之也。

奔喪者不及殯，先之墓，北面坐，哭盡哀。主人之待之也，即位於墓左，婦人墓右，成踊盡哀括髮，東即主人位，絰絞帶，哭成踊，拜賓，反位，成踊，相者告事畢。遂冠歸，入門左，北面哭盡哀，括髮袒成踊，東即位，拜賓成踊。賓出，主人拜送；有賓後至者則拜之成踊；送賓如初。眾主人兄弟皆出門，出門哭止；相者告就次。於又哭，括髮成踊；於三哭，猶括髮成踊，三日成服，於五哭相者告事畢。為母所以異於父者，壹括髮，其餘免以終事，他如奔父之禮。

主人之待之，謂在家攝主者也。之墓但言括髮，不言袒，蓋不待言也。凡葬日皆袒，況不及親葬事者乎？即主人位及主人拜送，皆謂奔喪者也。又哭、三哭不言袒者，亦不待言也。逸奔喪說不及殯日，於又哭猶括髮，即位不袒。鄭氏引之曰：不袒者，京戚已久殺之也。然恐逸說各記所聞。成服之明日為五日，凡五哭，此謂既期乃歸者也。其未期猶朝夕哭，不止五哭也。告事畢者，五哭後不復哭也。壹括髮，謂歸入門哭時也。及殯一括髮，不及殯亦一括髮，此其異於父喪而事則同也。不言袒，亦不待言也。

　　齊衰以下不及殯：先之墓，西面哭盡哀，免麻於東方，即位，與主人哭成踊，襲。有賓則主人拜賓、送賓；賓有後至者，拜之如初。相者告事畢。遂冠歸，入門左，北面哭盡哀，免袒成踊，東即位，拜賓成踊，賓出，主人拜送。於又哭，免袒成踊；於三哭，猶免袒成踊。三日成服，於五哭，相者告事畢。

　　西面北面，皆統於主人也。小功以下不稅，無追服之理。若猶及喪節，猶成服也。奔喪至家，子則西面，齊衰以下則北面；於墓，子則北面，齊衰以下則西面者，攢於西序，葬於北方，子皆正向，齊衰以下皆旁向也。言襲則袒可知。葬日主人袒，眾士人否。齊衰以下，禮殺於子，不及殯又殺，故哭於墓則免麻而不袒，惟歸入門括髮袒而已，餘皆不當袒。而記於此又哭三哭，皆言免袒，兩袒字皆當為衍文。

　　聞喪不得奔喪，哭盡哀；問故，又哭盡哀。乃為位，括髮袒成踊，襲絰絞帶即位，拜賓反位成踊。賓出，主人拜送於門外，反位；若有賓後至者，拜之成踊，送賓如初。於又哭，括髮袒成踊，於三哭，猶括髮袒成踊，二日成服，於五哭，拜賓送賓如初。

　　不得奔喪，即上未得行也。位，如於家朝夕哭位，有鄰列之處為位，即絰即位，喪至此已踰日也。獨此言送賓於門外者，非殯所也。詳言主人者，獨主喪者一人拜送耳，餘則否也。奔喪及殯者不言五哭，既及殯則循常節矣。不及殯則既踰卒哭之期，故特明五哭後即止，無算哭踊，而相者告事畢也。此獨與五哭，拜賓送賓如初，或疑聞喪不得奔，於常節有變耳。

　　若除喪而後歸，則之墓，哭成踊，東括髮袒絰，拜賓成踊，送賓反位，又哭盡哀，遂除，於家不哭。主人之待之也，無變於服，與之哭，不踊。自齊衰以下，所以異者免、麻。

　　東，東即主人位，如不及殯者也。遂除，除於墓也。主人，亦謂在家之人。與之哭，哀生者遭大故而身不得親也。奔喪者於家不哭，在家者不變服不踊，以即吉已久，凶禮不再舉，且或有尊親，無端衰絰，亦為忌也。

　　凡為位，非親喪，齊衰以下皆即位，哭盡哀，而東免、絰，即位，袒、成踊、襲，拜賓，反位，哭，成踊，送賓，反位，相者告就次。三日五哭，卒，主人出送賓；眾主人兄弟皆出門，哭止。相者告事畢。成服拜賓。若所為位家遠，則成服而往。

　　凡人臣奉君命出，非聞父母之喪，不得為位。此言為位，當為諸父昆弟死

於他國，而本國宗親為位以哭之禮也。主人應主其喪者，或以親，或以長也。告就次者，聞喪不入內，雖一夕必有次也。若所為位家，遠則成服而往者，近則為位而哭之，次日即可以往，不必待成服也。首言非親喪者，若親喪在外，無論遠近，即日奔迎，無為位而哭之禮也。成服拜賓句，當在三日五哭卒之下，蓋錯簡也。定制，三日成服，五哭而告事畢。此並五哭於三日內，以欲急赴喪，故變而促其事也。出送賓，亦以殯不在也。

齊衰，望鄉而哭；大功，望門而哭；小功，至門而哭；緦麻，即位而哭。

此奔喪將至，以親疏為哭節也。

哭父之黨於廟；母妻之黨於寢；師於廟門外；朋友於寢門外；所識於野張帷。

或曰母之黨於廟。此因言聞喪而哭，並列諸所當哭之處也。黨，族類無服者。逸奔喪禮曰：哭父族與母黨於廟，妻之黨於寢，朋友於寢門外，一哭而已，不踴。檀弓云：師，吾哭諸寢。與此異。皇氏云：母存，哭於寢；母亡，哭於廟。熊氏云：親母黨於廟，慈母、繼母黨於寢。蓋皆為之詞也。沈氏云：由父者哭之廟，由己者哭之寢。亦然。要之，記禮者各記所聞，亦不能盡同也，況曲禮又各有時俗異尚乎？末句今本逸，從義疏補。

凡為位不奠。

尸柩不在，則死者之神不必在是也。故但為生者之哭位，而無死者之位與奠也。

哭，天子九，諸侯七，卿大夫五，士三。

此謂臣聞君喪未及奔，為位而哭，尊卑日數之差業。

大夫哭諸侯，不敢拜賓。

諸侯即大夫之君也。大夫不言在他國，則君薨於外，而大夫在國也。禮，非為後者不敢拜賓。大夫雖在國，而子則迎柩，不在國也。故雖守國，大夫不拜賓。

諸臣在他國，為位而哭，不敢拜賓。

此謂大夫士之使於他國而君薨聞訃者。

與諸侯為兄弟，亦為位而哭。

其不敢拜賓可知也。

凡為位者壹袒。

始聞喪，哭而袒；其後哭，則否。

所識者弔，先哭於家而後之墓，皆為之成踊，從主人北面而踊。

此所重在弔，生而弔，又不及殯者也。從主人而踊，拾踊也。先哭於家未詳，當更審。

凡喪，父在，父為主；父沒，兄弟同居，各主其喪。親同，長者主之；不同，親者主之。

此謂喪無子而或尚有父及兄弟者。

聞遠兄弟之喪，既除喪而後聞喪，免，袒，成踊，拜賓則尚左手。

小功、緦麻，不稅者也。雖不服，猶免、袒，尚左手，吉拜也。

無服而為位者，唯嫂叔，及婦人降而無服者麻。

雖無服，猶弔服加麻，袒免為位哭也。正言嫂叔，尊嫂也。兄公於弟要則否。婦人降而無服，族姑姊妹嫁者也。逸奔喪禮曰：無服袒免為位者，惟嫂與叔。凡為其男子服，其婦人降而無服者麻。

凡奔喪，有大夫至，袒，拜之，成踊而後襲；於士，襲而後拜之。

此聞喪不得奔喪於異國受弔之禮。當袒之時，而大夫至，則袒而拜之。敬大夫，故不及襲，非為大夫袒也。

禮記卷三十五　問喪

明居喪所以悲哀，及喪節之義，後又設為問答，故以名篇。

親始死，雞斯徒跣，扱上衽，交手哭。惻怛之心，痛疾之意，傷腎乾肝焦肺，水漿不入口，三日不舉火，故鄰里為之糜粥以飲食之。

雞斯當作笄纚，傳寫誤也。親始死去冠，二日乃去笄。纚，括髮也。徒跣，去屨也。扱上衽，扱深衣前衽於帶以號踊，妨踐踏也。五藏，腎在下，肝在中，肺在上，舉三者之病，而心脾在其中矣。

大悲哀在中，故形變於外也，痛疾在心，故口不甘味，身不安美也。三日而斂，在床曰尸，在棺曰柩，動尸舉柩，哭踊無數。惻怛之心，痛疾之意，悲哀志懣氣盛，故袒而踊之，所以動體安心下氣也。婦人不宜袒，故發胸擊心爵踊，殷殷田田，如壞牆然，悲哀痛疾之至也。故曰：「辟踊哭泣，哀以送之。送形而往，迎精而反也。」其往送也，望望然、汲汲然如有追而弗及也；其反哭也，皇皇然若有求而弗得也。故其往送也如慕，其反也如疑。求而無所得之也，入門而弗見也，上堂又弗見也，入室又弗見也。亡矣喪矣！不可復見矣！故哭泣辟踊，盡哀而止矣。心悵焉愴焉、惚焉愾焉，心絕志悲而已矣。祭之宗廟，以鬼饗之，徼幸復反也。成壙而歸，不敢入處室，居於倚廬，哀親之在外也；寢苦枕塊，哀親之在土也。故哭泣無時，服勤三年，思慕之心，孝子之志也，人情之實也。

爵踊，猶言爵躍，足屢舉而仍不絕地也。如壞牆，如牆之將覆，不可枝柱也。實者，無虛偽也。

或問曰：「死三日而後斂者，何也？」曰：孝子親死，悲哀志懣，故匍匐而哭之，若將復生然，安可得奪而斂之也。故曰三日而後斂者，以俟其生也；三日而不生，亦不生矣。孝子之心亦益衰矣；家室之計，衣服之具，亦可以成矣；親戚之遠者，亦可以至矣。是故聖人為之斷決以三日為之禮制也。

始死，不忍斂，愛之理也。三日必斂，斷以義也。凡禮之設，殆省仁義兼也。

或問曰：「冠者不肉袒，何也？」曰：冠，至尊也，不居肉袒之體也，故為之免以代之也。然則禿者不免，傴者不袒，跛者不踊，非不悲也；身有錮疾，不可以備禮也。故曰：喪禮唯哀為主矣。女子哭泣悲哀，擊胸傷心；男子哭泣悲哀，稽顙觸地無容，哀之至也。

居猶置也，身無飾者不敢冠。冠為尊服，袒露肉體而冠，是褻尊服也。

或問曰：「免者以何為也？」曰：不冠者之所服也。《禮》曰：「童子不緦，唯當室緦。」緦者其免也，當室則免而杖矣。

不緦、不杖、不免，童子之正也。孤子當室，則承父之重，服斬而杖，杖則冠，冠則亦免，免則亦緦。以其當室，故雖年未及冠，亦備成人之禮也。免雖不成乎冠，有冠之道，故當室則免杖，緦亦以責成人也。記以免為不冠之服，是矣；以童子未冠而先免，則非也。童子既服斬而杖，豈有不冠六升者乎？

或問曰：「杖者何也？」曰：竹、桐一也。故為父苴杖——苴杖，竹也；為母削杖——削杖，桐也。或問曰：「杖者以何為也？」曰：孝子喪親，哭泣無數，服勤三年，身病體羸，以杖扶病也。則父在不敢杖矣，尊者在故也；堂上不杖，辟尊者之處也；堂上不趨，示不遽也。此孝子之志也，人情之實也，禮義之經也，非從天降也，非從地出也，人情而已矣。

父在不敢杖者，父在而有母喪，當父所在，不敢持杖，感尊者之情也。

禮記卷三十六　服問

謂之服問者，服雖止於五，而其義甚多，問有不盡也。

傳曰：「有從輕而重，公子之妻為其皇姑。有從重而輕，為妻之父母。有從無服而有服，公子之妻為公子之外兄弟。有從有服而無服，公子為其妻之父母。」

此詳從服之輕重有無，蓋舊有傳而記者詳之也。今大傳猶有此條。皇，君也。皇姑，公子之母也。公子為母，君在為尊厭練冠，君沒亦止服大功。而公子之妻不辨君之存沒，皆為夫之母期，舅不厭婦也。妻為父母齊衰，而夫為妻之父母緦，則降不止一等，非服之差也。公子之外兄弟，公子之妻為之從服，未詳，不必強為之說，或外兄弟字有誤。凡喪服，小功以下謂之兄弟，故外族小功亦曰外兄弟。陸氏曰：婦之黨為昏兄弟，壻之黨為姻兄弟。又各謂其外家之黨為外兄弟。公子被厭，不服己母之外家，是無服也。妻猶從公子服緦，是從無服而有服也。從有服而無服者，凡公子厭於君，絕其私親，女君之子則不絕也。

傳曰：「母出，則為繼母之黨服；母死，則為其母之黨服。為其母之黨服，則不為繼母之黨服。」

雖外親，亦無二統也。

三年之喪，既練矣，有期之喪，既葬矣，則帶其故葛帶，絰期之絰，服其功衰。有大功之喪，亦如之。小功，無變也。

故葛帶，三年既練之要葛絰也。絰，首葛絰也。三年既練，首絰除，故首絰服期之絰也。功衰、大功之衰，亦三年既練之受服也。而有不同者，練與不

練之別也。亦如之者，亦服其功衰也。無變者，仍服練，不服小功。小功服雖不練，輕於重喪之輕服矣。

麻之有本者，變三年之葛。既練，遇麻斷本者，於免，絰之；既免，去絰。每可以絰必絰；既絰，則去之。

有本。大功以上之帶，不去麻本也。小功以下澡麻，則斷本矣。斬之葛與齊之麻同，齊之葛與大功之麻同，兼服之，不得言變。變三年之葛者，後葛帶未除，遇大功新喪，則以麻帶易之，所謂麻葛重也。於小功喪既練，雖不為變服，然練無葛絰，小功有首絰，故小功當有事於免之時，則加小功之絰，如平常有服之倫也。既免去絰者，謂小功斂殯事竟不免，則亦去絰也。每可以絰必絰者，喪事漢絰必為之加麻，不應絰自練服如常。凡小功喪，當小斂大斂時未成服，免無不絰。若葬後虞及卒哭，皆既成服，則但加絰不免也。

小功不易喪之練冠，如免，則絰其緦小功之絰，因其初葛帶。

小功不言緦，省文也。小功、緦之加首絰有免，而不易練冠，亦不以輕服累重服也。葛帶前言故而此言初者，期之初喪，麻葛兼服之，葬後反服練之故葛帶，故言故也。此不服緦、小功之帶，而猶仍練之葛帶，故言因其初。

緦之麻，不變小功之葛；小功之麻，不變大功之葛。以有本為稅。

稅，亦變易也。以此易彼，則放得息，故名稅也。不變者，輕喪之麻，本服既輕，雖初喪之麻，不變前重喪之葛也。以有本為稅者，大功以上，麻絰有本，雖下服而重，故得變前喪之輕者。

殤：長、中，變三年之葛。終殤之月算，而反三年之葛。是非重麻，為其無卒哭之稅。下殤則否。

殤長中者，殤大功，九月、七月也。變三年之葛，正親親也。終殤之月，算著殤服之麻，滿其月數，還復三年之葛也。是非重殤服之麻，以殤未成人，其服質略，無卒哭稅麻服葛之法故也。否，不變也。下殤則否，更略也。下殤，殤小功也。

君為天子三年，夫人如外宗之為君也。世子不為天子服。

外宗君，外親之婦也。其夫與諸侯為兄弟服斬，妻從服期。諸侯為天子服斬，夫人亦從服期也。世子不為天子服，與圻外之民同，遠嫌也。

君所主：夫人、妻、大子適婦。

直言凡人所主之喪，正妻適子婦耳。必言君者，士於庶亦兼主之。又以妻

包大夫，見非適則不主也。然妻字終贅，當刪。

大夫之適子為君、夫人、大子，如士服。

士為君斬小君期，君為太子斬巨從服期，大夫不世子，不嫌也。

君之母，非夫人，則群臣無服，唯近臣及僕、驂乘從服，唯君所服，服也。

禮：庶子為後，為其母緦。近臣，君服斯服矣。僕驂乘，亦近臣也，唯君所服服也。句贅，當剛以妾母為夫人，近臣不能正君之失，又反從服，皆春秋時慝禮，馴致大亂，豈可為訓！

公為卿大夫錫衰以居，出亦如之，當事則弁絰。大夫相為，亦然。為其妻，往則服之，出則否。

弁，布弁。絰，環絰也。當事則弁絰，不當事則如常服也。出，謂以他事出，不至喪所也。否，不服也。

凡見人無免絰，雖朝於君，無免絰，唯公門有稅齊衰。傳曰：「君子不奪人之喪，亦不可奪喪也。」

免，去也。如免冠之免，無免絰。絰，重也。稅，猶免也。不杖之齊衰，至公門則脫之。若斬衰及杖之齊衰，雖入公門亦不脫也。若大功，則衰絰皆去，其服輕也。先王制禮，期之喪，有脫衰而無免絰；三年之喪，衰絰而朝。使君知臣以國事，而不得遂其父母兄弟之恩，所以視臣如手足也；使臣知雖迫公事，而仍不奪其父母兄弟之恩，所以視君如腹心也。且以知臣為國事，尚衰絰於君前，則凡在家之居喪，又當何如而可無忝也？

傳曰：「罪多而刑五，喪多而服五，上附下附列也。」

列，猶例也，謂等比也。

禮記卷三十七　間傳

記喪服之閒輕重所宜，或曰釋経有正傳，此於喪服不分條正釋，而總而論之，以閒厠於正傳者，故名閒傳。

斬衰何以服苴？苴，惡貌也，所以首其內而見諸外也。斬衰貌若苴，齊衰貌若枲，大功貌若止，小功、緦麻容貌可也。此哀之發於容體者也。

有大憂者，面必深墨，止謂不勤於喜樂之事。

斬衰之哭，若往而不反；齊衰之哭，若往而反；大功之哭，三曲而偯；小功、緦麻，哀容可也。此哀之發於聲音者也。

三曲，一舉聲而三折也。偯，聲餘從容也。

斬衰，唯而不對，齊衰，對而不言，大功，言而不議，小功、緦麻，議而不及樂，此哀之發於言語者也。

唯順應而已，對則有可否焉。議陳說之事，無與於喪葬者。

斬衰，三日不食；齊衰，二日不食；大功，三不食；小功緦麻，再不食；士與斂焉，則壹不食。故父母之喪，既殯食粥，朝一溢米，莫一溢米；齊衰之喪，蔬食水飲，不食菜果；大功之喪，不食醯醬；小功緦麻，不飲醴酒。此哀之發於飲食者也。

餘詳《喪大記》。

父母之喪，既虞卒哭，蔬食水飲，不食菜果；期而小祥，食菜果；又期而大祥，有醯醬；中月而禫，禫而飲醴酒。始飲酒者先飲醴酒。始食肉者先食乾肉。

此專詳父母終喪飲食之節，又言始先所飲食者，不忍發初御厚味也，餘亦詳喪大記。

父母之喪，居倚廬，寢苫枕塊，不說絰帶；齊衰之喪，居堊室，芐翦不納；大功之喪，寢有席，小功緦麻，床可也。此哀之發於居處者也。

芐，蒲蘋也。不納者，翦頭為之，不編納其頭，而藏於內也。

父母之喪，既虞卒哭，柱楣翦屏，芐翦不納；期而小祥，居堊室，寢有席；又期而大祥，居復寢；中月而禫，禫而床。

此專詳父母終喪居處之節。柱楣，柱廬間之楣以為之固也。翦屏，翦廬旁屏蔽之艸而飾之也。復寢，外寢也。蓋齊喪所居，必告祭而後復寢，乃為燕寢也。喪服傳：既虞，寢有席；既練，舍外寢。蓋尊者居喪之制，抑亦所記異也。

斬衰三升，齊衰四升、五升、六升，大功七升、八升、九升，小功十升、十一升、十二升，緦麻十五升去其半，有事其縷、無事其布曰緦。此哀之發於衣服者也。

衰升之數詳矣，然猶約言之耳。蓋斬衰二等，有三升、三升半。三升半者，市帶繩屨者之衰也。齊衰二等，有四升、五升。五升者，三月無受之服也。大功二等，殤八升，成人九升；小功二等，殤十升，成人十二升。其齊衰六升，大功七升，小功十一升，皆受服也。

斬衰三升，既虞卒哭，受以成布六升、冠七升；為母疏衰四升，受以成布七升、冠八升。去麻服葛，葛帶三重。期而小祥，練冠縓緣，要絰不除，男子除乎首，婦人除乎帶。男子何為除乎首也？婦人何為除乎帶也？男子重首，婦人重帶。除服者先重者，易服者易輕者。又期而大祥，素縞麻衣。中月而禫，禫而纖，無所不佩。

此專詳父母終喪衣服變除之節。成布六升者，五升以上，其縷粗疏，未成乎布也。六升以下，則其縷漸細，可與吉布相參也。葛帶三重者，謂其帶作四股糾之，積而相重，四股則三重，既變麻用葛，因以為飾也。未受服之前，麻帶止兩股相合也。此直云葛帶，則首絰雖葛不三重，猶兩股糾之也。素縞者，玉藻云縞冠素紕，既祥之冠是也。麻衣，十五升布深衣也。謂之麻者，純用布，無采緣也。黑經白緯曰纖。纖冠者，采緌也。大功以上有受服者，古者衰不脫，非易衰不能服以終喪也。小功以下無受服者，喪期近而衰密緻，不必易

也。始死去吉服，徒跣扱衽，雖不履不帶，猶冠衣未變。蓋三日而後斂，庶幾復生，故衣冠未忍變也。小斂則絰，既斂不復生也。脫髦，不得有其親也。袒，不欲衣也。括髮，不能冠也。至奉尸於堂，則為事死之始，故始加麻。麻，服之重者也。自是而後成服，杖則冠履衣裳帶皆具，而變之以惡，所以為喪飾也。既虞、卒哭而後受以成布，變麻服葛，哀日殺則服日輕，不忍遽變，故莫不有漸也。

　　易服者何？為易輕者也。斬衰之喪，既虞卒哭，遭齊衰之喪，輕者包，重者特。既練，遭大功之喪，麻葛重。齊衰之喪，既虞卒哭，遭大功之喪，麻葛兼服之。斬衰之葛，與齊衰之麻同；齊衰之葛，與大功之麻同；大功之葛，與小功之麻同；小功之葛，與緦之麻同，麻同則兼服之。兼服之服重者，則易輕者也。

　　此又承上申詳重喪變除，遭輕喪易服之節。輕者，男子要帶，婦人首絰也。重即男子重首，婦人重要也。包者，以新麻加舊葛之外也。兼服亦然。蓋斬衰之喪，至既虞、卒哭未久也，雖輕亦不可去，惟以後喪之麻包之而已。齊衰之於大功亦然。惟斬衰既練，遭大功之喪而重麻，則竟脫去斬衰之葛。蓋以後喪既葬，仍反前喪之葛，故葛帶可暫脫也。此記雖舉斬衰，以服問參之，為母齊衰三年易葛及葛之節亦然。特者，謂男子之首絰，婦人之要帶，單用葛不變也。麻葛重者，男子麻絰，婦人麻帶，皆大功之麻，又皆易其輕者以麻，是重麻也。既虞卒哭，男子帶其故葛帶，絰期之葛絰，婦人絰其故葛絰，帶期之葛帶，是又重葛也。兼猶兩也。不言包特而言兼服者，包特以著其義，兼服明有絰有帶爾。此據男子首葛要麻而言，若婦人則首要皆麻，不得言兼也。服重則易輕，即輕者包也。

禮記卷三十八　三年問

明喪服之重，所以必三年之故也

三年之喪何也？曰：稱情而立文，因以飾群，別親疏貴賤之節，而不可損益也。故曰：無易之道也。創巨者其日久，痛甚者其愈遲，三年者，稱情而立文，所以為至痛極也。斬衰苴杖，居倚廬，食粥，寢苫枕塊，所以為至痛飾也。三年之喪，二十五月而畢；哀痛未盡，思慕未忘，然而服以是斷之者，豈不送死者有已，復生有節也哉'？

稱情而立文，稱人情之輕重而制其禮也，羣親之黨也。喪本以親疏論，而又有貴賤者，因仁生義，故正服之外，又有義服也。無易，猶不易也。復生，除喪而反生者之常也。

凡生天地之間者，有血氣之屬必有知，有知之屬莫不知愛其類；今是大鳥獸，則失喪其群匹，越月逾時焉，則必反巡，過其故鄉，翔回焉，鳴號焉，蹢躅焉，踟躕焉，然後乃能去之；小者至於燕雀，猶有啁　之頃焉，然後乃能去之；故有血氣之屬者，莫知於人，故人於其親也，至死不窮。

匹，偶也。窮，已也。至死不已，言終身思慕也。

將由夫患邪淫之人與，則彼朝死而夕忘之，然而從之，則是曾鳥獸之不若也，夫焉能相與群居而不亂乎？將由夫修飾之君子與，則三年之喪，二十五月而畢，若駟之過隙，然而遂之，則是無窮也。故先王焉為之立中制節，壹使足以成文理，則釋之矣。

患邪淫，習於邪淫而不能無患也。駟，四馬也。遂之，謂不時除也。焉，

語詞,中於情義。無過,不及也。節,限制也。釋,猶除也。

然則何以至期也?曰:至親以期斷。

期有可除之節也。在禮期而練,男子除絰,婦人除帶。

是何也?曰:天地則已易矣,四時則已變矣,其在天地之中者,莫不更始焉,以是象之也。

是謂期也。象之,象天地、四時,萬物之一終而更也。

然則何以三年也?曰:加隆焉爾也,焉使倍之,故再期也。由九月以下何也?曰:焉使弗及也。故三年以為隆,緦小功以為殺,期九月以為間。上取象於天,下取法於地,中取則於人,人之所以群居和壹之理盡矣。

焉,皆語詞。間,謂隆殺之間。象法則如天有三辰,地有五行,人有官骸,皆有本末輕重之等殺也。

故三年之喪,人道之至文者也,夫是之謂至隆。是百王之所同,古今之所壹也,未有知其所由來者也。孔子曰:「生三年,然後免於父母之懷;夫三年之喪,天下之達喪也。」

未有知所由來,言前世行之己久,莫考其所自始也。達,自天子達庶人也。

禮記卷三十九　深衣

此記深衣之制，名深衣者，裳與衣連，被體深邃也

古者深衣，蓋有制度，以應規、矩、繩、權、衡。短毋見膚，長毋被土。續衽，鉤邊。要縫半下。

記當秦、漢時，蓋深衣已無定制，故特稱古者以明之。膚，手足之膚，見膚為褻也，被土為污也。續，屬也。衽，衣襟也。鉤，轉曲如句也。邊，謂右旁。蓋左衽掩於衣裏，以繫著於袼下，不待續也。若深衣之前表，衣裳相邊，則其右徽衽，亦以裳續衣。而自要以下，其後旁當有鉤邊，與前旁相繫，以掩裳際，鄭氏云曲裾是已。要縫者，深衣衣裳相迤，而其要際，固以布兩截縫合為之也。半下三分，要中減一，以益下也。下即裳之齊，玉藻云齊倍要是也。餘詳玉藻。

袼之高下，可以運肘；袂之長短，反詘之及肘。帶下毋厭髀，上毋厭脅，當無骨者。

袼，衣袂當掖之縫也。袼之高，謂自肩至臂；袼之下，謂自掖至臂也。可以運肘者，肘不能不出入，而袼間高下之寬，當可以運肘也。袂，袖口也，長短通計，全袂之布，言屬幅於衣者也。反詘之及肘，則袂幅之縫幾適中矣。厭，謂帶束及之，無骨要際也。

制：十有二幅以應十有二月。袂圓以應規；曲袷如矩以應方；負繩及踝以應直；下齊如權衡以應平。

幅制分殺已詳。玉藻：袂圓者，從袖口至腋下斜裁之，今其勢圓如牛胡也。袷，交領也。玉藻：袷，二寸。曲袷以右襟之末斜交於左脅，以左襟之末斜交

於右脅，則領不直垂而方矣。繩，謂背縫與裳後幅相當之縫也。踝，足跟也。下齊，裳下之齊緝也。

故規者，行舉手以為容；負繩抱方者，以直其政，方其義也。故《易》曰：坤，「六二之動，直以方」也。下齊如權衡者，以安志而平心也。

行舉手，謂揖讓也。袂圓應規，則有容也。身俯則背縫如負繩，頭直則領交如抱方，皆於動見其直方，故以著政義之直方也。心平志安，其行乃正，而下齊亦如權衡之平，否則行有不正，下齊亦不能平，而心志俱失也。

五法已施，故聖人服之。故規矩取其無私，繩取其直，權衡取其平，故先王貴之。故可以為文，可以為武，可以擯相，可以治軍旅，完且弗費，善衣之次也。

五法，五應也。完且弗費，可善衣而易有也。善衣法服，謂禮衣之正服也。次者，自士以上深衣為之次，庶人法服深衣而已。

具父母、大父母，衣純以繢；具父母，衣純以青。如孤子，衣純以素。純袂、緣、純邊，廣各寸半。

尊者存，以多飾為慶。繢，畫五采也，純緣之也。未三十而無父，皆為孤子。袖口謂之袂，裳下謂之緣，衣側謂之邊，寸半三五之數也。惟袷廣二寸。

禮記卷四十　投壺

壺置席間，本以實酒，後以投矢，其禮與射相似，蓋射之細也。抑亦燕飲之間，謀以樂賓，或病不能為射，而有斯禮與？

投壺之禮，主人奉矢，司射奉中，使人執壺。

矢所以投者，中受算之器，司射即射人也，其奉之西階上北面。

主人請曰：「某有枉矢哨壺，請以樂賓。」賓曰：「子有旨酒嘉肴，某既賜矣，又重以樂，敢辭。」

枉，不直也。哨，不正也。皆謙詞。樂，如鍾鼓樂之之樂。燕禮：既脫屨升堂，主人乃請投壺也。否，或請射。所謂燕射也。

主人曰：「枉矢哨壺，不足辭也，敢以請。」賓曰：「某既賜矣，又重以樂，敢固辭。」主人曰：「枉矢哨壺，不足辭也，敢固以請。」賓曰：「某固辭不得命，敢不敬從？」

固之言如故也。如故辭者，重辭也。不得命，不見許也。

賓再拜受，主人般還，曰：「辟。」主人阼階上拜送，賓般還，曰：「辟。」

般還，般，曲折還也。曰贊者，言也。辟同避，不敢當拜也。

已拜，受矢，進即兩楹間，退反位，揖賓就筵。司射進度壺，間以二矢半，反位，設中，東面，執八算興。

已拜受矢，主人既拜送矢，又自受矢於贊者也。進即兩楹間，言將有事於此也。退乃揖賓即席，欲與偕進為偶也。賓席、主席皆南向，間相去如射物。度壺，度其所設之處也。壺去坐二矢半，則堂上去賓席、主席邪行各七尺也。

反位，反西階上之位也。設中，東面。既設中，亦實八筭於中橫，委其餘於中西，執筭而立，以請賓俟投也。

請賓曰：「順投為入。比投不釋，勝飲不勝者，正爵既行，請為勝者立馬，一馬從二馬，三馬既立，請慶多馬。」請主人亦如之。

請，猶告也。順投，矢本入壺也。比投，引手就壺，使近而易入也。投壺，坐欲四縣，恐比入也。釋，釋筭也。勝飲不勝者，言以能養不能也。正爵，罰爵也。馬，勝筭也。謂之馬者，若云技藝如此，任為將帥乘馬也。射與投壺，皆所以習武，因以為樂。立馬者，謂取筭以為馬，表勝數也。一馬從二馬，詳下。三馬既立，請慶多馬者，若頻得三馬，為其勝已成，酌酒慶賀於多馬之偶也。

命弦者曰：「請奏《狸首》，間若一。」大師曰：「諾。」

弦者，即大師。大，即為樂官之長。凡笙奏皆其所掌，而又親弦瑟而歌，故以命之。狸首，逸詩篇名。奏，以鍾鼓奏之也。間，間以笙歌也。尚書笙鏞以間是也。若一疏數適均，應樂節也。鄉射至第三番乃用樂，今投樂發初即用樂者，以投壺禮略主歡樂也。

左右告矢具，請拾投。有入者，則司射坐而釋一算焉。賓黨於右，主黨於左。

左謂主，右謂賓。拾，更也。告矢具於賓主，又請更投者，皆司射也。司射東面立，釋筭則坐，以南為右，北為在，皆在司射之前。

卒投，司射執算曰：「左右卒投，請數。」二算為純，一純以取，一算為奇。遂以奇算告曰：「某賢於某若干純」。奇則曰奇，鈞則曰左右鈞。

卒，已也。司射於壺西，東面。執筭，請也。左右卒投請數。司射，請詞也。取，取筭也。奇，只也。賢，勝也。投壺如射，皆以勝為賢也。一純以取實於左手，十純則縮而委之，每委異之，有餘則橫諸純下。一筭為奇，奇則縮諸純下，取右筭畢，更取左筭如右，畢則執奇以告也。鈞猶等也，有純又有奇，則又曰若干純、若干奇也。或純或奇，或純又有奇或鈞，皆執一筭以告也。

命酌，曰：「請行觴。」酌者曰：「諾。」當飲者皆跪奉觴，曰：「賜灌」。勝者跪，曰：「敬養」。

酌，酌酒者，謂諸弟子命，亦司射命之觴罰爵也。請行觴，請賓與主人行罰爵也。司射命酌者請之，已請，弟子乃升酌，奠於豐上，不勝者坐取，乃退而跪飲之也。灌，猶飲也。言賜灌者，不勝而服，為尊敬之詞也。周官曰以灌賓客是也。勝者跪曰敬養者，酒所以養病也。賜灌敬養，各與其偶於西階上，如飲射爵。

正爵既行，請立馬。馬各直其算，一馬從二馬，以慶。慶禮曰：「三馬既備，請慶多馬。」賓主皆曰：「諾。」正爵既行，請徹馬。

正爵既行，謂飲不勝者畢也。直，當也。算，勝算也。投壺同射禮，亦三番而止。每番勝，則立一馬。假令賓黨三番俱勝，則立三馬。或賓黨再勝，而立二馬。主黨一勝，但立一馬。即以主黨一馬，從就賓黨二馬。以少足多，以助勝者為榮，乃以慶賀多馬。上云請立馬者，是司射請詞。馬各直其算，一馬從二馬以慶，是禮家陳事之言也。慶禮曰：三馬既備，請慶多馬。又是司射請詞。言為慶之禮勝者，三馬既已備具，請酌酒賀多馬也。飲慶爵者，偶親酌，不使弟子無豐。正爵既行，請徹馬。此正爵，謂慶爵也。以對無筭爵言，故罰爵、慶爵皆名正爵。投壺禮畢，則勝筭可去。既徹馬，無筭爵乃行也。

算多少視其坐。

視其坐，視在坐技壺之人多少之數也。每人四天，亦人四筭。

筭，室中五扶，堂上七扶，庭中九扶。

筭，矢也。鋪四指曰扶，一指案寸。投壺者，或於室，或於堂，或於庭，其禮褻，隨時所宜，故有三等也。

算長尺二寸。

其節三扶可也。或曰：長尺有握。

壺，頸修七寸，腹修五寸，口徑二寸半，容斗五升。壺中實小豆焉，為其矢之躍而出也。壺去席二矢半。矢以柘若棘，毋去其皮。

修，長也。實以小豆，取其滑且堅；矢以柘棘，取其堅且重。舊說云：矢大七分。或云：去其皮節。

魯令弟子辭曰：毋憮，毋敖，毋偝立，毋逾言。偝立逾言，有常爵。薛令弟子辭曰：毋憮，毋敖，毋偝立，毋逾言。若是者浮。

弟子年稚者，為其立堂下易褻慢，故司射戒令之。憮、敖，慢也。偝立，不正向前也。踰言，遠相談語也。常爵，罰觥之常也。浮，亦罰也。此記令詞

之異，而意則同。

　　鼓：○□○○□□○□○○□，半；○□○□○○○□□□□○：魯鼓：○□○○○□□○○□○○○□□○○○○□□○。半；○□○○○□□○：薛鼓。取半以下為投壺禮，盡用之為射禮。司射、庭長，及冠士立者，皆屬賓黨；樂人及使者、童子，皆屬主黨。魯鼓：○□○○□□○○，半；○□○○□○○○□○○□；薛鼓：○□○○○○□□□○○○□○○○□□○○○□，半；○□○□○○○○□○。

　　此魯、薛擊鼓之節，兩家各異，故前後兼列之。圓者擊聲，方者擊鼓。古者舉事，鼓各有節，間其節則知其事矣。投壺之鼓半射節者，投壺，射之細也。射，謂燕射。庭長，司正也。使者，主人所使薦羞者。樂人，國子能為樂者。冠士立者，謂已冠之士立堂下者也，言冠以別童子也。

禮記卷四十一　儒行

　　言儒者之行，當如是也。雖非孔子之言，然學者果能實踐之，亦庶幾無愧於儒矣。

　　魯哀公問於孔子曰：「夫子之服，其儒服與？」孔子對曰：「丘少居魯，衣逢掖之衣，長居宋，冠章甫之冠。丘聞之也：君子之學也博，其服也鄉；丘不知儒服。」

　　逢，大也，大掖之衣。大袂，禪衣也，其衣袂二尺二寸。祛，尺二寸，即端末也。章甫為宋冠，則殷冔也，蓋即玄冠之不屬武者。鄉，謂從其鄉所服也。記者蓋見孔子平居所服如此，因為之詞，其實無是理也。孔子自言從大夫之後，不可徒行，故雖疾而君視，猶加朝服。豈有逢掖、章甫見君之禮，記者欲假孔子之言以重其說，而不自知其妄也。

　　哀公曰：「敢問儒行。」孔子對曰：「遽數之，不能終其物；悉數之，乃留。更僕，未可終也。」哀公命席，孔子侍。

　　遽，猶卒也。物，猶事也。僕，大僕以下。君燕朝則正位掌擯相者，更則以久倦當相代也。命席，為孔子布席與之坐也。侍，侍坐也。

　　曰：「儒有席上之珍以待聘，夙夜強學以待問，懷忠信以待舉，力行以待取。其自立有如此者。

　　珍，寶玉也。席上之珍者，君子比德於玉。方其藏於身也，如玉之韞於櫝中；具待時而動也，如珍之陳於席上也。夙夜，早夜也。學博則多識，可待問也。舉，薦也。取，進於位也。

　　儒有衣冠中，動作慎。其大讓如慢，小讓如偽；大則如威，小則如

愧。其難進而易退也，粥粥若無能也。其容貌有如此者。

中，謂法服中禮也。或高冠長佩，或短衣屬飾，以自矜異，皆非中也。動作慎，非德行不行也。大讓，如伊尹之弗顧弗視。小讓，如坊記之受惡就賤。則，儀則也。如威方嚴肅，屬也。如愧畏抑謙，下也。難進易退，如三揖而進，進以禮；一辭而退，退以義也。粥粥，循謹貌。

儒有居處齊難，其坐起恭敬，言必先信，行必中正，道途不爭險易之利，冬夏不爭陰陽之和，愛其死以有待也，養其身以有為也。其備豫有如此者。

齊，端莊也。難，恭慎也。自治以敬，接物以恕，明哲保身，以任天下之重，則其進德修業，可謂勤矣，故云備豫也。

儒有不寶金玉，而忠信以為寶；不祈土地，立義以為土地；不祈多積，多文以為富。難得而易祿也，易祿而難畜也，非時不見，不亦難得乎？非義不合，不亦難畜乎？先勞而後祿，不亦易祿乎？其近人有如此者。

祈，求也。立義以為土地，以義自居也。積，聚財貨也。難畜，難以非義久留之。勞事，有成勞也。

儒有委之以貨財，淹之以樂好，見利不虧其義；劫之以眾，沮之以兵，見死不更其守；鷙蟲攫搏不程勇者，引重鼎不程其力；往者不悔，來者不豫；過言不再，流言不極；不斷其威，不習其謀。其特立有如此者。

淹，謂浸漬之初脅也。沮，止也。鷙蟲，猛鳥獸也。程，猶量也。重鼎，大鼎也。不程勇力，不能量度。儒者勇力之所至，言義勇無敵也。往者不悔，來者不豫，謂一準乎義命，雖遭患難，而不悔於已往，不豫於將來，或有改弦易轍也。過言，人言以為過也。不再者，儒必自立於無過之地，故不至再也。流言，不根之言，妄為謗毀者。極，猶盡也。言不能其詞之不斷。不習，不待斷與習也。言其威素嚴重，其謀素審慎也。

儒有可親而不可劫也；可近而不可迫也；可殺而不可辱也。其居處不淫，其飲食不溽；其過失可微辨而不可面數也。其剛毅有如此者。

劫，以力親而可劫，內無特操故也；迫，以勢近而可迫，外無廉隅故也。淫，過也，過於求安也。恣滋味為溽，溽之言欲也。微辨，細核也。面數，明

指也。言其自勝者強，所以寡過。如再有之，與原思之辭，晏嬰之儉，亦不為無過，然非惡也。

儒有忠信以為甲冑，禮義以為干櫓；戴仁而行，抱義而處，雖有暴政，不更其所。其自立有如此者。

更，變也，所謂以自立之道。前言自立論所學所行足以待天下之用而不窮，此言自立論所信所守足以歷天下之變而不失。

儒有一畝之宮，環堵之室，篳門圭窬，蓬戶甕牖；易衣而出，並日而食，上答之不敢以疑，上不答不敢以諂。其仕有如此者。

一畝之宮，民廛也，周官夫一廛是也。環堵之室，每室方一丈。民廛之室，出周牆在外者為宮，分堵在內者為室。篳門，荊竹織門也。窬，如闈門之類，穿牆為之，形如圭也。蓬戶，編蓬艸為戶也。甕牖，以敗甕口為牖也。易衣家共一禮衣，出則更著之也。並日，兩日並用一日之食也。答，應也，如易卦二五相應，君臣道合也。疑，謂以疑事當於君也。蓋士民居於閭閻，雖自修其德，不敢必君之我知也。苟君既知我而與之相應，則不敢以君為不足有為，而姑為嘗試之說，必直道而行也。不答不敢以諂者，上既知我而求我，我行直道而或至於不答，則亦不敢以諂也。仕，謂未在位而有見用之兆也。

儒有今人與居，古人與稽；今世行之，後世以為楷；適弗逢世，上弗援，下弗推，讒諂之民有比黨而危之者，身可危也，而志不可奪也，雖危起居，竟信其志，猶將不忘百姓之病也。其憂思有如此者。

稽，考也。楷，法則也。適，猶當也。逢世，猶遇時也。援，汲引也。推，舉也。比黨，私相朋結也。起居，猶出處也。

儒有博學而不窮，篤行而不倦；幽居而不淫，上通而不困；禮之以和為貴，忠信之美，優游之法，舉賢而容眾，毀方而瓦合。其寬裕有如此者。

不窮，不止也。淫，謂傾邪也。幽居不淫，窮不失義也。上通，謂仕而道達於君也。不困，謂行之裕如。上通不困，達不離道也。禮之以和為貴，循禮而能和也。優游，和裕也。毀方而瓦合，去己之大圭角，如瓦之合也。陶者之為瓦，必圓而割分之，故分之則方，合之則圓。儒者內方以自守，外微曲以和眾，似之。

儒有內稱不辟親，外舉不辟怨，程功積事，推賢而進達之，不望其

報；君得其志，苟利國家，不求富貴。其舉賢援能有如此者。

不辟如晉祁奚，程功積事，有實效也。得志，賢能用而志遂也。

儒有聞善以相告也，見善以相示也；爵位相先也，患難相死也；久相待也，遠相致也。其任舉有如此者。

相告，相示以責善也。久相待，雖久而不忘；遠相致，雖遠而不遺。任，如任恤之任，以友之事為己任也。舉，推舉也。

儒有澡身而浴德，陳言而伏，靜而正之，上弗知也；粗而翹之，又不急為也；不臨深而為高，不加少而為多；世治不輕，世亂不沮；同弗與，異弗非也。其特立獨行有如此者。

澡浴，潔清之也。伏，伏聽君命之用否也。靜而正之，隱以格君之邪心也。麤猶疏也，微也。翹，猶發也。微發其端以為之兆，雖明告之而猶從容不迫也。深，喻人之卑下。少，喻人之寡陋。為高為多，是自矜之。世治則德常見重，故不輕；世亂而志常自裕，故不沮。同乎己者不必善，異乎己者不必惡，但與其所可與，非其所可非而已。特立獨行者，其卓立既不搖，而篤行又無隨附也。

儒有上不臣天子，下不事諸侯；慎靜而尚寬，強毅以與人，博學以知服；近文章，砥厲廉隅；雖分國如錙銖，不臣不仕。其規為有如此者。

與，猶交接也。服，習之事也。八兩曰錙。如錙銖，猶云如敝屣也。不臣不仕，必事道也。慎靜尚寬，有度也。強毅與人，有守也。博學以知，有本之服。近文章，有文也。砥厲廉隅，有節也。有此五者，故雖分國交之，視同錙銖。其規摹之大，所為之不亂，皆所以事道也。

儒有合志同方，營道同術；並立則樂，相下不厭；久不相見，聞流言不信；其行本方立義，同而進，不同而退。其交友有如此者。

方，所向也，故於志言之；術，所由也，故於道言之。志專於善，則方同；道取其正，則術同也。並立則樂，無忌心也；相下不厭，有遜志也；不信流言，知之深也。同不同，即同方同術之同方。義同，則進而與之交；不同，則退而不相為謀。此又並溯訂交之始之不苟也。

溫良者，仁之本也；敬慎者，仁之地也；寬裕者，仁之作也；孫接者，仁之能也；禮節者，仁之貌也；言談者，仁之文也；歌樂者，仁之和也；分散者，仁之施也；儒皆兼此而有之，猶且不敢言仁也。其尊讓

有如此者。

　　儒之所以為儒者，仁而已矣，故又歷數八行之合於仁者而終言之。然仁之道大，雖有八行，猶未足以盡仁，故猶不敢言仁，則儒之尊仁而不敢自是，其意更無窮矣。蓋讓非自謙之虛文，乃真欿然不敢居也。

　　儒有不隕穫於貧賤，不充詘於富貴，不慁君王，不累長上，不閔有司，故曰儒。今眾人之命儒也妄，常以儒相詬病。」孔子至舍，哀公館之，聞此言也，言加信，行加義：「終沒吾世，不敢以儒為戲。」

　　隕，復困迫失志貌。艸隕則飄零，禾穫則枯槁也。充詘，歡欣失節貌。充，得志而自滿也。詘，患失而氣餒也。慁，猶辱也。累，猶繫也。閔，病也。盜虛聲而無實德，則慁君王，累長上，閔有司也。命，名也。妄，不實也。但以服名之，不問其有實行也。詬病，恥辱也。言時人欲恥辱人，則以儒稱之也。

禮記卷四十二　大學

　　大學對小學言，如灑掃、應對、進退之節，禮、樂、射、御、書、數之文，學之小者也。然亦非必外是而別有所學也，但於其中更求其所以然與其所當然，如記中所云，而大者立矣。

大學之道，在明明德，在親民，在止於至善。

　　道猶路也，學之得其道，則其始知所出，而其終亦知所止矣。人學焉而明之不已，則知所以成己矣。民即人也，自家而國而天下已外，皆人也。親猶愛也，親親而仁民，其親有等差，學焉而各盡其親，則知所以安人矣。明之親之，非不致力於學，而猶有未善焉，則終不可謂之明與親也。必更學焉，擇其至善之地而止之，而後其道得所歸宿，而無忝於大人之學也。

知止而後有定，定而後能靜，靜而後能安，安而後能慮，慮而後能得。

　　止者，所當止之地，即至善之所在也。知之，則志有定向，不歧惑也。靜，澄澈也。安，閒適也。慮，臨事籌劃精詳也。得，則如行之至而得所止也。此承上止於至善而言，欲得止，必先知止也。

物有本末，事有終始，知所先後，則近道矣。

　　物，謂己之身、心、意及家、國、天下也。事，即下格、致、誠、正、修、齊、治、平之事也。本末終始，皆遞相推，先者為本始，後者為末終也。事，言有未至，則終又有始，溫故知新，無一終而不始者也。所先後，即下文所言先後是也。道，即大學之道。此又承上知止而言，事物之致知，又有先後也。所先後云者，猶云所當先知，所可後知也。知而後得，則上節詳矣。

古之欲明明德於天下者，先治其國。欲治其國者，先齊其家。欲齊其家者，先修其身。欲修其身者，先正其心。欲正其心者，先誠其意。欲誠其意者，先致其知。致知在格物。物格而後知至，知至而後意誠，意誠而後心正，心正而後身修，身修而後家齊，家齊而後國治，國治而後天下平。

此舉古以證今也。古之明明德於天下，如競之克明俊德，以至黎民於變時雍，其首著也。心者，身之主也。誠，信也。意者，心之發動處。蓋好善惡不善，本人性所同然，而我意之所好信善乎？所惡信不善乎？可自審也。致，推而極之也。知，即知止之知。格，正也，謂處置得宜之地。物，即物有本末之物。言在格物者，逐物格之，以致吾之知，非有先後也。有物有則，各有所宜。格物而格，則已知其所宜矣。致知而至，則所知不至偏蔽矣。格而後至，則又不格不至者也。此詳上知所先後之序。反覆言之，一以推用力之階，一以著呈功之效。

自天子以至於庶人，壹是皆以修身為本。

壹，專一也。心、意、知，皆身也。修，統正、誠、致而言。本，即物有本末之本。修身為本，即在明明德也。雖庶人亦有家，故大學之道，下達同之。蓋庶人雖無位，而士民未嘗無平治之責也。

其本亂而末治者，否矣。其所厚者薄，而其所薄者厚，未之有也。

亂，身不修也。所厚，謂家也。必先親親而後仁民，言親民之有序，而治平之後於齊家可知也。自物有本末至此，詳所以格物致知之道。

此謂知本，此謂知之至也。

知當有所先後，則不可不知本，知本則知得其要，知得其要即為知之至。不然，天下之事物無窮，雖聖人亦有所不知，豈能一一盡致其知乎？自知止以下，言大學之道始於知，而此遂專以知至結之。然言知本，則物格亦在其中矣。

所謂誠其意者，毋自欺也。如惡惡臭，如好好色，此之謂自慊。故君子必慎其獨也。

人固有知雖至而德不明、民不親者，則意之不誠害之也。故誠意為自修之首，而繼知至而言，其功為最要也。欺者，以不善抵冒為善也。欺則失信，故自欺與誠意相反也。惡惡臭，好好色，必不能自欺者，故以為好善惡不善之

喻。謙，快也，足也。謙之為慊，猶說之為悅，古字省而通也。獨意所生處慎，所以誠之也。

小人閒居為不善，無所不至，見君子而後厭然，掩其不善而著其善。人之視己，如見其肺肝然，則何益矣？此謂誠於中，形於外，故君子必慎其獨也。

閒居獨處也，無所不至，不可以言語形容也。厭然亦知以己之不善為可厭也，此又以小人之自敢反證之，而愈以見獨之不可不慎也。

曾子曰：「十目所視，十手所指，其嚴乎！」富潤屋，德潤身，心廣體胖，故君子必誠其意。

引曾子之言，以明獨中之善惡必不可欺。惟不自欺者，德明而潤及於身，如人之富而自潤及於屋也。胖，安舒也。蓋心無擐著之勞則廣，而體有誠形之適則胖也。夫心必廣而後可正，體必胖而後可修，則為君子者，必不可不先誠其意以為之基矣。

《詩》云：「瞻彼淇澳，菉竹猗猗。有斐君子，如切如磋，如琢如磨。瑟兮僩兮，赫兮喧兮。有斐君子，終不可諠兮。」「如切如磋」者，道學也。「如琢如磨」者，自修也。「瑟兮僩兮」者，恂慄也。「赫兮喧兮」者，威儀也。「有斐君子，終不可諠兮」者，道盛德至善，民之不能忘也。

以下二節，皆引詩而釋之，以詳明大學之道也。斐，文貌，謂明德也。切以刀鋸，琢以椎鑿，皆裁物使成形質也。磋以鑢鍚，磨以沙石，皆治物使其滑澤也。治骨角者，既切而又磋之，治玉石者，既琢而又磨之，皆言其治之有緒，而益致其精也。瑟，嚴密貌。僩，武毅貌。赫喧，宣著盛大貌。諠，忘也。道，言也。學，謂格物致知之事，即大學也。自修者，慎獨誠意之事，非止修身也。恂慄獨無不慎，則意無不誠也。威儀則心正而身修矣。凡此皆衛武公所以使其德明而又明，故其德日益盛，而止於至善，民不能忘也。民不能忘，斯為至善，善固人所同具也。

《詩》云：「於戲！前王不忘」。君子賢其賢而親其親，小人樂其樂而利其利，此以沒世不忘也。

於鳴，今古字，戲呼亦通。前王，謂文武也。君子，謂其後賢後王。小人，謂後民也。親賢樂利，皆前王所以親民之事，至沒世而猶不忘，則親民之澤

長，可謂止於至善美。

《康誥》曰：「克明德」，《大甲》曰：「顧諟天之明命」，《帝典》曰：「克明峻德」，皆自明也。

《康誥》，《尚書》篇名。克，謂力能勝之。顧，回顧也。諟，猶正也，審也。凡人所回顧，則其事必加意也。天之明命，即天之所以與我，而我之所以為德者也。探原於天命，則其學加切矣。帝典，即尚書堯典。峻，高大也。惟其能明，故德加高大也。三引書遞以證德之當明，非異人任也。

湯之《盤銘》曰：「苟日新，日日新，又日新。」《康誥》曰：「作新民。」《詩》曰：「周雖舊邦，其命維新。」是故君子無所不用其極。

盤銘則戒於盤也。苟，猶誠也。新，除舊生新也。日新又新，功不已而加勤也。作，興起之也。新民，使民除舊更新也。命，天命也。舊命固為諸侯，而新命遂為天子也。此承上自明而言。自明不已，則德日新矣。己之德日新不已，則民德亦為之興起而新矣。德至於新民，則上可格天，而天命並為之新矣。德至於新命，則其明而又明，可謂極矣。極者，至善之標也，即皇極之極，君子止之而為人所會歸者也。蓋上節止言德在自明，此節引盤銘及書、詩，又遞以證德之當明而又明，乃可止於至善也。

《詩》云：「邦畿千里，維民所止。」

邦畿千里，王者所以為民會歸之地。上既言君子用極，故此又引詩以證親民者必使民得所止也。

《詩》云：「緡蠻黃鳥，止于丘隅。」子曰：「於止，知其所止，可以人而不如鳥乎？」

緡蠻，飛往來貌。此又引詩並孔子之言，以明鳥猶知止，則人尤不可不知所止也。

《詩》云：「穆穆文王，於緝熙敬止」。為人君，止於仁；為人臣，止於敬；為人子，止於孝；為人父，止於慈；與國人交，止於信。

穆穆，深遠之意。於，歎美詞。緝，繼續也。熙，光明也。敬止，以敬為安止也。此又引詩以文王之安止，證民之皆當得止也。仁、敬、孝、慈、信，皆至善也。約舉五者，其大端云耳。

子曰：「聽訟，吾猶人也，必也使無訟乎！」無情者不得盡其辭。大畏民志，此謂知本」。

　　情猶實也。記者謂孔子言使民無訟者，必為上者忠信明威，素有以畏服民志，故無實者不得盡詞也。無訟為本，聽訟為末，則當知修身以止至善為本，而親民使至善猶為末矣。

　　所謂修身在正其心者，身有所忿懥，則不得其正；有所恐懼，則不得其正；有所好樂，則不得其正；有所憂患，則不得其正。

　　忿懥，怒也。四者之有不言心而言身者，心無形，四者而見於外，則身也。身之有所志壹，則動氣也。不得其正，乃身之不正，非心之不正也。身有不正，則不修矣。蓋心本虛靈，其動而有所之，已入於意。正心工夫，全在無事時存養，所謂修己以敬是也。若必指腔子中有竅之物而名之為心，又求如何所以正之，則心亦不過人血內之一端耳，與身固無別，而仍不可得所以正之之法也。

　　心不在焉，視而不見，聽而不聞，食而不知其味。

　　上言心有所偏而身不修，此言心不在而身不修，其不修者同，而所以不修者異。然亦必心有所偏而後有不在，則其實亦無大差別也。凡此皆就心不正之易明者反言之，而於正心之道則未言及，欲學者自悟而得也。蓋必明明德乃能正心也。

　　此謂修身在正其心。

　　上言所謂此，又言此謂，特為諄切複沓探本之言，所以為大學之道。否則如曲禮、少儀、玉藻諸篇，凡言修容之禮甚備，又可不講乎？

　　所謂齊其家在修其身者，人之其所親愛而辟焉，之其所賤惡而辟焉，之其所畏敬而辟焉，之其所哀矜而辟焉，之其所敖惰而辟焉。故好而知其惡，惡而知其美者，天下鮮矣。故諺有之曰：「人莫知其子之惡，莫知其苗之碩。」

　　人，謂眾人。之，猶於也。辟，猶偏也。五者亦人所同有，然任情而不明，明德則偏矣。諺，俗語也。碩，大也。溺愛者不明，貪得者無厭，辟之明證也。辟，即身不修也。

　　此謂身不修，不可以齊其家。

　　《內則》一篇，言齊家者無不備，然身不修，亦徒法不能行也。故又言此，謂以結之身不修，德不明也。家不可齊，則家已不親矣。

　　所謂治國必先齊其家者，其家不可教而能教人者，無之，故君子不

出家而成教於國。孝者，所以事君也，弟者，所以事長也，慈者，所以使眾也。

孝、弟、慈，所以修身而教於家者也。然而國之所以事君、事長、使眾之道，不外乎此。周官首曰：惟王建國，辨方正位，體國經野，設官分職，以為民極。於治國之法尤詳矣。而此止因必先而推本言之，凡使學者知本也。

《康誥》曰：「如保赤子。」心誠求之，雖不中，不遠矣。未有學養子而後嫁者也。

如保赤子，謂親民也。誠求之誠，即誠意之誠。意誠則不自欺，心誠求則赤子無不保。治國者但問親民如保赤子否耳，未有學養子而後嫁者。民雖至愚，豈可欺哉？此更推本於心，尤本中之本也。

一家仁，一國興仁；一家讓，一國興讓；一人貪戾，一國作亂。其機如此。此謂一言僨事，一人定國。

一人，謂君也。戾，猶悖也。機，發動所由也。僨，覆敗也。此正言家國相關之故。然推本於一人，則仍重修身以為本也。

堯、舜率天下以仁，而民從之。桀、紂率天下以暴，而民從之。其所令反其所好，而民不從。是故君子有諸己而後求諸人，無諸己而後非諸人。所藏乎身不恕，而能喻諸人者，未之有也。

所令謂仁，所好謂暴，恕推己及人也。喻，曉也。此則專以修身言治國也。不更言家人，固統家國也。

故治國在齊其家。

結上不更言修身，亦以齊家必先修身，不待言也。

《詩》云：「桃之夭夭，其葉蓁蓁。之子于歸，宜其家人。」宜其家人，而後可以教國人。《詩》云：「宜兄宜弟。」宜兄宜弟，而後可以教國人。《詩》云：「其儀不忒，正是四國。」其為父子兄弟足法，而後民法之也。此謂治國在齊其家。

夭夭，少好貌。蓁蓁，美盛貌。之子，女子也。歸，嫁也。儀不忒，身修也。正是四國可以乎天下也。宜家人，宜兄弟，與足法，皆言齊家也。又三引詩而以此謂重結之者，以上於齊、治相關之故言之，不及正、修之詳，故更繹詩而詳之也。然終言其儀不忒，則仍本於修身，而至於正是四國且已及於平天下，則知本之意愈益昭昭矣。三詩之次，即刑寡妻至兄弟御家邦之道。

　　所謂平天下在治其國者，上老老而民興孝，上長長而民興弟，上恤孤而民不倍，是以君子有絜矩之道也。

　　倍，同背。不倍，不相背棄也。絜，度也。矩，所以為方也。周官大宰之職，掌建邦之六典，實平天下之大法，而此又言在治國者，所以終知本之說而極言之也。老老、長長、恤孤，即上不出家之孝、弟、慈也，而此又言之，此固在國與在家異。蓋老老謂若養耆老，長長若世子齒，恤孤若養孤子，守治國之大典，每歲行之大學者。興孝、興弟、不倍，即文王世子所云王乃命公侯伯子男及羣吏反養老幼於東序，而終之以仁也。夫如是，則人人皆知親其親，長其長，而天下平矣。絜矩之道，小謂天下皆知有孝、弟、慈，而治國者先自盡其孝、弟、慈於國也。

　　所惡於上，毋以使下，所惡於下，毋以事上；所惡於前，毋以先後；所惡於後，毋以從前；所惡於右，毋以交於左；所惡於左，毋以交於右；此之謂絜矩之道。

　　此釋上絜矩之義。專以所惡言者，惡雖推之，人未易明，而本之己，固不難曉也。與興孝興弟不倍事。若不相謀，而義取於平，則實相足也。

　　《詩》云：「樂只君子，民之父母。」民之所好好之，民之所惡惡之，此之謂民之父母。

　　只，古昵字，近也。君子，謂賢者。南山有臺，樂得賢也。言樂舉君子而近之，使之為民父母也。此君子其位與卻尹相類，而其人正相反。平天下則所施者博，非一人所能專理，故莫重於用人。而此與下節兩引詩，皆言擇相也。

　　《詩》云：「節彼南山，維石巖巖。赫赫師尹，民具爾瞻。」有國者不可以不慎，辟，則為天下僇矣。

　　節，高大貌。岩岩，嚴峻貌。喻師尹之在高位也。赫赫，顯盛貌。師尹，太師尹氏也。具，俱也。瞻，仰視也。國，指圻內而言。慎慎，擇相也。辟，偏也。偏於私，則所用不賢，而且為天下僇辱，如幽王也。

　　《詩》云：「殷之未喪師，克配上帝。儀監於殷，峻命不易。」道得眾則得國，失眾則失國。

　　師，眾也。配，合也。言殷自帝乙以前，其德皆能合乎天也。儀當作宜，聲相似而誤耳。監，視也。峻，大也。不易，言難保也。道，言也。得眾，謂

與民同好惡，能親民也。失眾，則用人辟而好惡不同民也。

是故君子先慎乎德。有德此有人，有人此有土，有土此有財，有財此有用。

先知，本也。慎，即明而又明也。此，猶斯也。有人，謂諸侯來歸附也。有土，有天下也。財，貢賦也。

德者，本也；財者，末也。

修身為本。慎德，身之所以修也，是德為本中之本。有德而後有人，有人有土而後有財用，是財又末中之末。此應前物有本末，又以通結知本也。

外本內末，爭民施奪。

外本則本亂矣，內末則末亦不治矣。爭鬥其民，而施之以劫奪之事，皆由之民，其尚可親乎？此不知本之害，非所以平天下也。

是故財聚則民散，財散則民聚。是故言悖而出者，亦悖而入；貨悖而入者，亦悖而出。

悖，逆也。君有逆命，則民有逆詞；上貪於利，則下皆侵畔。德貨之為本末，固昭然也。然人君之所以外本者，多由於內末之故，故記於篇末，又專以財之聚散及復申言之。

《康誥》曰：「惟命不於常。」道善則得之，不善則失之矣。

上既言峻命不易，此又言命不於常者，有天下者，受天命者也，正與前引商書言明命、周詩言新命相應也。道，言也。善即止，至記以本末詳明大學之道，至於善則得，不善則失，以結歸止至善，大意已盡。下特及復游衍，以暢其說之未暢者耳。

《楚書》曰：「楚國無以為寶，惟善以為寶。」

楚書未詳，或檮杌之屬。善即至善，因時多以財為寶，故有是言，所以反外本內末之弊。

舅犯曰：「亡人無以為寶，仁親以為寶。」

舅犯，晉文公舅孤偃，字子犯，亡人。文公時為公子，出亡在外也。仁，愛也。仁親，親民之本也。

《秦誓》曰：「若有一介臣，斷斷兮無他技，其心休休焉，其如有容焉。人之有技，若己有之；人之彥聖，其心好之，不啻若自其口出。實能容之，以能保我子孫黎民，尚亦有利哉！人之有技，媢疾以惡之；

人之彥聖，而違之俾不通：實不能容，以不能保我子孫黎民，亦曰殆哉！」

《秦誓》，《尚書》末篇。個，猶介也。斷斷，明決貌。無他技，謙抑之至也。休休，易直好善之意。彥，美士也。聖，通明也。尚，庶幾也。媢，忌也。違，拂戾也。殆，危也。此以下因上，引民之父母、民具爾瞻而論用人也。

唯仁人放流之，迸諸四夷，不與同中國。此謂唯仁人為能愛人，能惡人。

仁人，如堯、舜之君。迸，猶逐也。言如秦誓所稱媢疾之人，妨賢而病國，則仁人必深惡而痛絕之。以仁人明德親民，皆止至善，故能得好惡之正也。

見賢而不能舉，舉而不能先，命也；見不善而不能退，退而不能遠，過也。

命謂天命。賢之不見用猶可，云命者，雖如周公之吐哺握髮，而未必無遺賢，以知人既難，官人尤難也。孟子曰國君進賢，如不得已是已。若其不善已著，而猶不退不遠，則非人君徇私不斷，不至於是，不可謂非過也。此非故為寬緩推原之說，正以深警人君之不誠而自欺也。

好人之所惡，惡人之所好，是謂拂人之性，菑必逮夫身。

好人所惡，惡人所好，不專指用人言，而用人亦其一也。自誠意至此，凡言心、身、家、國、天下，無不言好惡，以好惡為人情所同具，而情為性之發，即意之所從起也。不自欺而自慊，則德可以潤身，若拂人之性而自失其德，其不善並不能自揜矣。有不菑及其身者，孚深警之也。

是故君子有大道，必忠信以得之，驕泰以失之。

大道即大學之道，不言學者，此大道統在未學前也。忠信即誠意不自欺，驕泰即為不善而無所不至，之指德之至善而言，即大道也。得即慮而能得之得，此得失亦猶眾國與命之得失，而其事又在前也。蓋欲求至善，學猶次之，必先慎獨不自欺耳。

生財有大道：生之者眾，食之者寡，為之者疾，用之者舒，則財恒足矣。

以下專論財用，蓋以世主止知內末而不得其道，故又為反覆開導以終篇也。有大道異，悖入之道也。大學所言皆大道，故雖財之末務，亦有大道以生之。國無游民，則生者眾矣；朝無幸位，則食者寡矣；不奪農時，則為之疾矣；

量入為出，則用之舒矣。

仁者以財發身，不仁者以身發財。未有上好仁而下不好義者也，未有好義其事不終者也，未有府庫財非其財者也。

發，猶起也。仁，慈保之心。義，尊君之禮。府，庫財正供也。蓋仁者止知修身而不謀利，然富有天下，固不外此。

孟獻子曰：「畜馬乘，不察於雞豚，伐冰之家，不畜牛羊，百乘之家，不畜聚斂之臣。與其有聚斂之臣，寧有盜臣。」此謂國不以利為利，以義為利也。

乘丘，乘兵車也。士食邑有一丘，則畜馬具一乘，此家之小者。伐冰之家，大夫有喪祭之事，得取冰於凌人，其食邑加多矣。百乘之家，家具百乘，地與男同，雖猶名為家，而實成小國。獻子遞舉之，以見家無小大，皆不可牟利也。以義為利，謂以仁帥天下也。獻子言家，而記引以例國，家、國本無二理也。

長國家而務財用者，必自小人矣。彼為善之，小人之使為國家，災害並至，雖有善者，亦無如之何矣。此謂國不以利為利，以義為利也。

長，猶主也。不云平治齊而云長者，以其為國家之主而長之，未能勝平治齊之任也。不言天下，又不止言國，而兼及乎家。天下不外守國，而家尤為國本也。彼者，推而外之，與治齊之道相左者也。為善之，以小人之務財用為善也。善者，即能明明德、止至善之人。此上三節，自身而家而國以次言之，而此節又專承上節也。其曰使為國家，兼歸重用人意。末止復述上節言之，而不更及天下，正以顯平天下在治國之義也。而以反言終之，則垂戒之意尤切矣。

禮記卷四十三　冠義

通篇文太煩複，無深義，拙筆也。

　　凡人之所以為人者，禮義也。禮義之始，在於正容體、齊顏色、順辭令。容體正，顏色齊，辭令順，而後禮義備。以正君臣、親父子、和長幼。君臣正，父子親，長幼和，而後禮義立。故冠而後服備，服備而後容體正、顏色齊、辭令順。故曰：冠者，禮之始也。是故古者聖土重冠。

　　所以，為人所以得異於禽獸也。禮之始，即成人之始也。

　　古者冠禮筮日筮賓，所以敬冠事，敬冠事所以重禮；重禮所以為國本也。故冠於阼，以著代也；醮於客位，三加彌尊，加有成也；已冠而字之，成人之道也。見於母，母拜之；見於兄弟，兄弟拜之；成人而與為禮也。玄冠、玄端奠摯於君，遂以摯見於鄉大夫、鄉先生；以成人見也。

　　國本者，雖天子世子以士禮冠天下，無生而貴者也。三加，初加緇布冠，次加皮弁，三加爵弁也。彌尊者，爵弁為祭服也。加有成者，大夫弁而祭於已成乎貴，貴乃見成人也，字所以尊其名也。玄冠玄端，成人之禮服也。摯，雉也。奠摯於君，蓋亦謂君之世子及庶子及卿大夫之嫡子也。鄉大夫，一鄉中在朝之大夫也。鄉先生，致仕之鄉老也。

　　成人之者，將責成人禮焉也。責成人禮焉者，將責為人子、為人弟、為人臣、為人少者之禮行焉。將責四者之行於人，其禮可不重與？故孝悌忠順之行立，而後可以為人；可以為人，而後可以治人也。故聖王重

禮。故曰：冠者，禮之始也，嘉事之重者也。是故古者重冠；重冠故行之於廟；行之於廟者，所以尊重事；尊重事而不敢擅重事；不敢擅重事，所以自卑而尊先祖也。

廟，祖廟也。

禮記卷四十四　昏義

娶妻之禮，以昏為期。日入後二刻半為昏。

昏禮者，將合二姓之好，上以事宗廟，而下以繼後世也。故君子重之。是以昏禮納采、問名、納吉、納徵、請期，皆主人筵几於廟，而拜迎於門外，入，揖讓而升，聽命於廟，所以敬慎重正昏禮也。

采，采擇也。男之求女，如君之求臣，必先以禮聘而問之，故首納采也。名，氏姓也。問名曰敢請女為誰氏，蓋為謙詞，不敢必即主人之女，而遂問三月之名也。此二禮一使兼行之。問名本以待卜，既卜得吉，即納吉矣。徵，求也。納徵納幣，以致聘求之意，則約成也。請期，男氏請昏期於女氏，小謙不敢自專也。女氏固辭，然後男氏告昏期而親迎也。並親迎為六禮，惟納徵以有幣無雁。主人，女氏之主人也。聽命，聽使者所傳壻家之命也。

父親醮子，而命之迎，男先於女也。子承命以迎，主人筵几於廟，而拜迎於門外。壻執雁入，揖讓升堂，再拜奠雁，蓋親受之於父母也。降，出御婦車，而壻授綏，御輪三周。先俟於門外，婦至，壻揖婦以入，共牢而食，合卺而酳，所以合體同尊卑以親之也。

酌而無酬酢曰醮。醮，於寢也。奠雁，壻迎女相見之摯也。先，壻自乘其車，先導之歸也。以一瓠分為兩瓢，謂之卺，壻與婦各執一片以酳也。

敬慎重正而後親之，禮之大體，而所以成男女之別，而立夫婦之義也。男女有別，而後夫婦有義；夫婦有義，而後父子有親；父子有親，而後君臣有正。故曰：昏禮者，禮之本也。夫禮始於冠，本於昏，重於喪祭，尊於朝聘，和於射鄉——此禮之大體也。

禮之大體，蓋猶木然。始則萌也，本則根也，重則干也，尊則高也，和則榮也，五者備而大體具也。鄉即鄉飲酒禮。

夙興，婦沐浴以俟見；質明，贊見婦於舅姑，執笄、棗、栗、段修以見，贊醴婦，婦祭脯醢，祭醴，成婦禮也。舅姑入室，婦以特豚饋，明婦順也。厥明，舅姑共饗婦以一獻之禮，奠酬。舅姑先降自西階，婦降自阼階，以著代也。

笄器，似筥，以竹為之，緇被纁裏，以盛棗、栗、段修之屬。醴婦，以醴禮之也。饋，供養之禮也。士昏禮不言厥明，或省文，或異禮，亦即日享婦也。奠，酬奠而不舉也。子始冠著代，有父老傳子之意；婦始見著代，有姑老傳婦之意。此所以有冠、昏之禮之義。

成婦禮，明婦順，又申之以著代，所以重責婦順焉也。婦順者，順於舅姑，和於室人；而後當於夫，以成絲麻布帛之事，以審守委積蓋藏。是故婦順備而後內和理；內和理而後家可長久也；故聖王重之。

室人謂女姑、女叔諸婦也。

是以古者婦人先嫁三月，祖禰未毀，教於公宮，祖禰既毀，教於宗室，教以婦德、婦言、婦容、婦功。教成祭之，牲用魚，芼之以蘋藻，所以成婦順也。

先嫁，將嫁前也。祖廟，女所出之祖也。公，君也。公宮，即祖之廟宮也。雖大夫、士之女，與君同祖，重教事，得教於祖也。宗，亦女所出之宗。宗室，大夫之祖廟也。婦德，貞順也。婦言，詞令也。婦容，婉娩也。婦功，絲麻也。祭，祭所出之祖也。魚、蘋、藻，皆水物，陰類也。魚為俎實，蘋、藻為羹菜。祭無牲牢，告事耳，非正祭也，即召南采蘋之詩是已。

古者天子后立六宮、三夫人、九嬪、二十七世婦、八十一御妻，以聽天下之內治，以明章婦順；故天下內和而家理。天子立六官、三公、九卿、二十七大夫、八十一元士，以聽天下之外治，以明章天下之男教；故外和而國治。故曰：天子聽男教，后聽女順；天子理陽道，后治陰德；天子聽外治，后聽內職。教順成俗，外內和順，國家理治，此之謂盛德。

三夫人、九嬪，后之十二媵也。二十七世婦、八十一御妻，亦約推之，當得百二十人，以備百姓耳。其實天子不下漁色，周官於世婦、女御有其職，未

嘗其數也。三公、九卿，天子之十二家也。大夫、元士，已詳王制。

　　是故男教不修，陽事不得，適見於天，日為之食；婦順不修，陰事不得，適見於天，月為之食。是故日食則天子素服而修六官之職，蕩天下之陽事；月食則后素服而修六宮之職，蕩天下之陰事。故天子與后，猶日之與月、陰之與陽，相須而后成者也。天子修男教，父道也；后修女順，母道也。故曰：天子之與后，猶父之與母也。故為天王服斬衰，服父之義也；為后服資衰，服母之義也。

　　三夫人、九嬪，后之十二縢也。二十七世婦、八十一御妻，亦約推之，當得百二十人，以備百姓耳。其實天子不下漁色，周官於世婦、女御有其職，未嘗其數也。三公、九卿，天子之十二家也。大夫、元士，已詳王制。

禮記卷四十五　鄉飲酒義

　　鄉飲酒者，鄉有公事，屬民而飲酒也。凡賓興、習射、祈報、社蠟、養老，類皆有飲酒之禮，或微有不同焉。為之主者，則鄉大夫、州長、黨正，各以其事大小為差。

　　鄉飲酒之義：主人拜迎賓於庠門之外，入，三揖而後至階，三讓而後升，所以致尊讓也。盥洗揚觶，所以致潔也。拜至，拜洗，拜受，拜送，拜既，所以致敬也。尊讓潔敬也者，君子之所以相接也。君子尊讓則不爭，潔敬則不慢，不慢不爭，則遠於鬥辨矣；不鬥辨則無暴亂之禍矣，斯君子之所以免於人禍也，故聖人制之以道鄉人、士、君子。

　　庠，州學名。或曰庠，或曰序，或曰校，異名耳。或稱鄉，或稱黨，亦互言之。門，人門也。絜，古潔字。至，賓至也。拜至，拜其辱也。洗爵、受爵、送爵、卒爵，四拜賓主，皆有之。鬥，以力辯，以口制，制為鄉飲酒之禮也。道，古導字，謂引導也。鄉人，士。君子，鄉之士民可教而為君子者也。

　　尊於房戶之間，賓主共之也。尊有玄酒，貴其質也。羞出自東房，主人共之也。洗當東榮，主人之所以自潔，而以事賓也。

　　房戶之間，當室中也。賓主共之，異於君有獨尊而面尊者也。羞，庶羞，即籩豆之實。東房，即東夾室。共，同供，猶具也。榮，屋翼搏風也。

　　賓主象天地也；介僎象陰陽也；三賓象三光也；讓之三也，象月之三日而成魄也；四面之坐，象四時也。天地嚴凝之氣，始於西南，而盛於西北，此天地之尊嚴氣也，此天地之義氣也。天地溫厚之氣，始於東北，而盛於東南，此天地之盛德氣也，此天地之仁氣也。主人者尊賓，

故坐賓於西北，而坐介於西南以輔賓，賓者接人以義者也，故坐於西北。主人者，接人以德厚者也，故坐於東南。而坐僎於東北，以輔主人也。仁義接，賓主有事，俎豆有數曰聖，聖立而將之以敬曰禮，禮以體長幼曰德。德也者，得於身也。故曰：古之學術道者，將以得身也。是故聖人務焉。

古者言象，蓋始於易大傳論大衍之數，於是後儒所言，動有取象，然類支離蔓衍，終不能如聖人之精確也。鄉飲之禮，賓、主、介、僎，人數已多，聚於一堂之上，四面分坐，自有至義。大都賓、介尚德，僎、主尚貴，而僎多致仕之老，又有鄉黨尚齒之意。先王制為斯禮，亦欲使其各成所尚而不相屈，則賢否、貴賤、長幼之倫，皆田之以著，而凡士民之學術，道皆於此可自得也。記乃造為陰陽光氣之象，果何當哉？

祭薦，祭酒，敬禮也。嚌肺，嘗禮也。啐酒，成禮也。於席末，言是席之正，非專為飲食也，為行禮也，此所以貴禮而賤財也。卒觶，致實於西階上，言是席之上，非專為飲食也，此先禮而後財之義也。先禮而後財，則民作敬讓而不爭矣。

祭薦者，主人獻賓，賓即席祭，所薦脯醢也。祭酒者，既祭薦，又祭酒也，此是賓敬重主人之禮也。嚌肺者，祭酒後興，取俎上之肺嚌齒之，所以嘗主人之禮也。啐酒者，飲酒入口，成主人之禮也。席末，席西頭也，正猶設也。祭嚌於席中，以敬主人之物，是貴禮也。啐則酒入於己，故在席末，是賤財也。啐猶在席末，卒觶則盡爵，故遠在西階上，極賤財之意也。致，猶盡也，實即酒也。然二字費解，或有誤。以下複述上文，亦極言之，但文太複煩，而詞意亦未見昱遠。

鄉飲酒之禮：六十者坐，五十者立侍，以聽政役，所以明尊長也。六十者三豆，七十者四豆，八十者五豆，九十者六豆，所以明養老也。民知尊長養老，而後乃能入孝悌。民入孝悌，出尊長養老，而後成教，成教而後國可安也。君子之所謂孝者，非家至而日見之也；合諸鄉射，教之鄉飲酒之禮，而孝悌之行立矣。

此正齒位之禮，養老亦用之，與前賓興之飲酒異。蓋賓興為國尊賢之大典，三年僅一行之。若正齒位，則凡以禮會民皆有之，如合諸鄉射，亦必先正齒位也。而養老之禮，又春秋皆行之，其禮視賓興皆簡，故通得鄉飲之名，而記並及之也。孝者之孝，教字之誤。

孔子曰：「吾觀於鄉，而知王道之易易也。」主人親速賓及介，而眾賓自從之。至於門外，主人拜賓及介，而眾賓自入；貴賤之義別矣。三揖至於階，三讓以賓升，拜至、獻、酬、辭讓之節繁。及介省矣。至於眾賓升受，坐祭，立飲。不酢而降；隆殺之義辨矣。

鄉，鄉飲酒也。易，易謂教化之本，在於尊賢尚齒，甚易行也。速，與夙肅通。省，少減也。貴賤以人言，隆殺以禮言。

工入，升歌三終，主人獻之；笙入三終，主人獻之；間歌三終，合樂三終，工告樂備，遂出。一人揚觶，乃立司正焉，知其能和樂而不流也。

工，樂正也。詩一篇為一終。升歌三終，謂瞽師升堂，歌鹿鳴、四牡、皇皇者華也。獻，獻歌工也。笙，笙人也。笙入三終，笙人入，堂下笙南陔、白華、華黍也。獻，獻笙人也。間，代也。間歌三終，謂堂上歌魚麗，則堂下笙由庚；堂上歌南有嘉魚，則堂下笙崇丘；堂上歌南山有臺，則堂下笙由儀也。合樂，謂堂上歌瑟及堂下之笙並作也。其樂則周南關雎、葛覃、卷耳，召南鵲、巢、采蘩、采蘋，樂正告樂備，遂出，不復升也。揚觶在未歌前，立司正在既歌後，以類連言之耳。流，失禮也。

賓酬主人，主人酬介，介酬眾賓，少長以齒，終於沃洗者焉。知其能弟長而無遺矣。降，說屨升坐，修爵無數。飲酒之節，朝不廢朝，莫不廢夕。賓出，主人拜送，節文終遂焉。知其能安燕而不亂也。貴賤明，隆殺辨，和樂而不流，弟長而無遺，安燕而不亂，此五行者，足以正身安國矣。彼國安而天下安。故曰：「吾觀於鄉，而知王道之易易也。」

除說屨升坐者，未徹俎以前皆立而行禮，至爵無筭則徹俎，而賓主以下皆降級脫屨升堂坐也。修，猶舉也。無數，無筭也。不廢者，朝後行禮，禮畢歸，猶可治私家之事，謂既朝乃飲，先夕即罷也。

鄉飲酒之義：立賓以象天，立主以象地，設介僎以象日月，立三賓以象三光。古之制禮也，經之以天地，紀之以日月，參之以三光，政教之本也。亨狗於東方，祖陽氣之發於東方也。洗之在阼，其水在洗東，祖天地之左海也。尊有玄酒，教民不忘本也。賓必南鄉。東方者春，春之為言蠢也，產萬物者聖也。南方者夏，夏之為言假也，養之、長之、假之，仁也。西方者秋，秋之為言愁也，愁之以時察，守義者也。北方者冬，冬之言中也，中者藏也。是以天子之立也，左聖鄉仁，右義偝藏

也。介必東鄉，介賓主也。主人必居東方，東方者春，春之為言蠢也，產萬物者也；主人者造之，產萬物者也。月者三日則成魄，三月則成時，是以禮有三讓，建國必立三卿。三賓者，政教之本，禮之大參也。

　　此記申前取象之意，而支離蔓衍，複雜特甚，雖削之可也。狗，折俎也。俎，法也。假，大也。愁，物苦則斂也。造，行至之也。參，三也，三數以相參而不盡也。鄉飲之禮，尊賢為大，尚齒次之，貴貴又次之，何多冗說乎？

禮記卷四十六　射義

射禮不一：天子擇士澤宮，謂之大射；諸侯來朝樂賓，謂之賓射；閒燕習射，謂之燕射；州黨習射，謂之鄉射。皆禮射也。

古者諸侯之射也，必先行燕禮；卿、大夫、士之射也，必先行鄉飲酒之禮。故燕禮者，所以明君臣之義也；鄉飲酒之禮者，所以明長幼之序也。

鄉禮亦燕禮之其別，猶諸侯稱君、大夫稱宗之意。必先行禮而後射者，射非主皮，以禮為先也。

故射者，進退周還必中禮，內志正，外體直，然後持弓矢審固；持弓矢審固，然後可以言中，此可以觀德行矣。

志正則不紛而視之審，體直則不懈而握之固。

其節：天子以《騶虞》為節；諸侯以《狸首》為節；卿大夫以《采蘋》為節；士以《采繁》為節。《騶虞》者，樂官備也，《狸首》者，樂會時也；《采蘋》者，樂循法也；《采繁》者，樂不失職也。是故天子以備官為節；諸侯以時會天子為節；卿大夫以循法為節；士以不失職為節。故明乎其節之志，以不失其事，則功成而德行立，德行立則無暴亂之禍矣。功成則國安。故曰：射者，所以觀盛德也。

節，奏鍾鼓以為節也。天子九節，諸侯七節，大夫士五節。騶虞、采蘋、采繁皆風詩，狸首蓋亦風詩而剛逸者。騶即趣馬。虞，山澤之虞。惟天子具十二閒，山澤之虞徧天下，故樂官備也。狸首既逸，故時會亦無可考。采蘋言嫁女教成，教及女子，則家人無不循法度也。采繁言士妻助祭，早夜在公，則宗

婦亦不失職也。可以樂者天乎？諸侯有國而國治，卿大夫士有家而家齊也。

是故古者天子以射選諸侯、卿、大夫、士。射者，男子之事也，因而飾之以禮樂也。故事之盡禮樂，而可數為，以立德行者，莫若射，故聖王務焉。是故古者天子之制，諸侯歲獻貢士於天子，天子試之於射宮。其容體比於禮，其節比於樂，而中多者，得與於祭。其容體不比於禮，其節不比於樂，而中少者，不得與於祭。數與於祭而君有慶；數不與於祭而君有讓。數有慶而益地；數有讓而削地。故曰：射者，射為諸侯也。是以諸侯君臣盡志於射，以習禮樂。夫君臣習禮樂而以流亡者，未之有也。

獻，獻功也。歲獻貢士，秋覲獻功，因之貢士也。試於射宮，將祭而習射於澤宮，因擇人以助祭也。蓋天子於圻內三年大比，興賢能，而諸侯亦三歲賓興，以貢其所得之士於天子，而入於太學。其賢者為王官，次則仍歸其國，為諸侯之臣也。至士之比禮比樂，亦止為助祭，而先時習儀，豈遂以定諸侯之慶讓哉？射為諸侯，尤不詞。

故《詩》曰：「曾孫侯氏，四正具舉；大夫君子，凡以庶士，小大莫處，御於君所，以燕以射，則燕則譽。」言君臣相與盡志於射，以習禮樂，則安則譽也。是以天子制之，而諸侯務焉。此天子之所以養諸侯，而兵不用，諸侯自為正之具也。

此亦逸詩，然非貍首也。四正未詳，蓋周官小司馬職缺，故無可考。或云正爵，亦非。莫處，莫敢寧處於家也。御，猶侍也。以燕，以射，先行燕禮乃射也。則燕，則國安也。則譽，則君臣皆有名譽也。自為正之具，言習射即可以正身以至正國也。

孔子射於矍相之圃，蓋觀者如堵牆。射至於司馬，使子路執弓矢，出延射曰：「賁軍之將，亡國之大夫，與為人後者不入，其餘皆入。」蓋去者半，入者半。又使公罔之裘、序點，揚觶而語，公罔之裘揚觶而語曰：「幼壯孝悌，耆耋好禮，不從流俗，修身以俟死者，不，在此位也。」蓋去者半，處者半。序點又揚觶而語曰：「好學不倦，好禮不變，旄期稱道不亂者，不，在此位也。」蓋僅有存者。

射至於司馬，謂將射以司正為司馬也。延，進之也。賁，古僨字。與為人後，謂以人無後而為之後，其人既有後而猶與於其後，不退復本宗，是有貪利之意。公、罔、序，皆氏。裘、點，皆名，語誓眾也。不，古否字，言人能如

此否也。在此位者，言與射之人必如此，方可在此位也。勵，僅通。此豈孔子為司寇或攝相時有習射事乎？然其言太誇，疑記以聖人所自律者飾言之，不可盡信也。聖人不為已甚，凡與觀射禮者，皆潔己以進者也，而必先保其往則已苟，況賓介在位，或前期所速，或為鄉之鄉大夫士，安得斥言如是？且必如揚觶所云，止可聖人獨射而已，聖門高弟能如此又多乎哉？

射之為言者繹也，或曰舍也。繹者，各繹己之志也。故心平體正，持弓矢審固；持弓矢審固，則射中矣。故曰：為人父者，以為父鵠；為人子者，以為子鵠；為人君者，以為君鵠；為人臣者，以為臣鵠。故射者各射己之鵠。故天子之大射謂之射侯；射侯者，射為諸侯也。射中則得為諸侯；射不中則不得為諸侯。

古射、繹、舍、宇，本音同通用，然射以事言，非為訓義生也，記乃從為之詞耳。射主正己，人能正己，凡達道之義，自無不包父子君臣與為諸侯之道，至臨射觀鵠而後繹之，亦不及矣。且所為射者，亦謂以觀人之志正體直，較他藝為尤著耳。若達道於平時，漫無實跡，必決於射之中不中，是仁君慈父忠臣孝子不及蒙、羿也，記不累於詞哉！

天子將祭，必先習射於澤。澤者，所以擇士也。已射於澤，而後射於射宮。射中者得與於祭；不中者不得與於祭。不得與於祭者有讓，削以地；得與於祭者有慶，益以地。進爵絀地是也。

澤，澤中方斤，祭地之所，有壇壝，無宮室。射宮即學宮，其地與澤相近，皆在國中。進賢受賞、蔽賢蒙戮則有之，以射中不中為進絀，亦詞累也。當知賓射與賓興賢能異。

故男子生，桑弧蓬矢六，以射天地四方。天地四方者，男子之所有事也。故必先有志於其所有事，然後敢用穀也。飯食之謂也。

子生三日，射而後穀，即先勞後祿之意。飯食，以飯食子也。

射者，仁之道也。射求正諸己，己正然後發，發而不中，則不怨勝己者，反求諸己而已矣。孔子曰：「君子無所爭，必也射乎！揖讓而升，下而飲，其爭也君子。」

仁之道，止求諸己，不怨人也。揖讓而升，謂射耦同進，三揖而後升堂也。下而飲，謂射畢揖降以俟，眾耦皆降，勝者乃揖，不勝者升，取觶立飲出。言雖爭而猶雍容揖讓，異於小人之爭矣。

孔子曰：「射者何以射？何以聽？循聲而發，發而不失正鵠者，其唯賢者乎！若夫不肖之人，則彼將安能以中？」

何以射者？志正體直，乃能射也。何以聽者？進退周旋中禮，乃能聽也。循聲，謂應樂節也，正樂節也。侯之的棲皮曰鵠。不肖，謂志不正，體不直，動不中禮，於天地生人之理，有不相似也。

《詩》云：「發彼有的，以祈爾爵。」祈，求也；求中以辭爵也。酒者，所以養老也，所以養病也；求中以辭爵者，辭養也。

發，發矢也。的，所以識，即鵠也。君子責己重而責人輕，故己不中，則反水諸己，而恥己之不肖。人之不中，則不以為不能，蓋有病也，近於老也。故士不能射，則辭以疾，以射為男子之事也。射而不中，則以爵飲，而名之為養。非老非病而養，是可恥也，所當辭也。

禮記卷四十七　燕義

燕以示慈惠，以飲為主。

古者周天子之官，有庶子官。庶子官職諸侯、卿、大夫、士之庶子之卒，掌其戒令，與其教治，別其等，正其位。國有大事，則率國子而致於大子，唯所用之。若有甲兵之事，則授之以軍甲，合其卒伍，置其有司，以軍法治之，司馬弗正。凡國之政事，國子存游卒，使之修德學道，春合諸學，秋合諸射，以考其藝而進退之。

云：古者記當周末，追述周官盛時之職也。下即周官諸子職文。庶子，即諸子之庶眾也。子，諸侯卿大夫士之子也。統嫡庶而言，以其人眾，故謂之庶子。軍法百人為卒，周官作倅貳也，義亦相通。國子為世子之倅，而眾子又為國子之倅，其法一如軍之卒伍也。戒之，今之教之治之，一卒之事，惟庶子是從也。等，尊卑之等，非但嫡庶長幼有別，又以其父之爵為等也。位，朝位也。有司，若卒長伍長。軍法，行軍之禁令也。正，治也。司馬弗治，貴也。存，留也。游卒，卒之無職事者。學，國學也。射，澤宮也。藝，能也，即六藝也。蓋燕禮始於合族屬，而周之庶子多同姓，故首引之。

諸侯燕禮之義：君立阼階之東南，南鄉爾卿，大夫皆少進，定位也；君席阼階之上，居主位也；君獨升立席上，西面特立，莫敢適之義也。設賓主，飲酒之禮也；使宰夫為獻主，臣莫敢與君亢禮也；不以公卿為賓，而以大夫為賓，為疑也，明嫌之義也；賓入中庭，君降一等而揖之，禮之也。

定位，定君臣之位也。諸侯獻主，即天子膳夫。諸侯官少，故以宰夫兼膳

夫之職。公，孤也。諸侯為牧伯者，其上卿當國，四命為孤。燕禮稱諸公，容更有致仕者。疑，疑君也。當國者時或攝君以為賓，則疑於二君也。禮：賓者，賓尊也。

君舉旅於賓，及君所賜爵，皆降再拜稽首，升成拜，明臣禮也；君答拜之，禮無不答，明君上之禮也。臣下竭力盡能以立功於國，君必報之以爵祿，故臣下皆務竭力盡能以立功，是以國安而君寧。禮無不答，言上之不虛取於下也。上必明正道以道民，民道之而有功，然後取其什一，故上用足而下不匱也；是以上下和親而不相怨也。和寧，禮之用也；此君臣上下之大義也。故曰：燕禮者，所以明君臣之義也。

旅，旅酬也。君所賜，君之特賜也。明正道，如教養之道碼，以養生送死也。和親，和也。不相怨，寧也。

席：小卿次上卿，大夫次小卿，士、庶子以次就位於下。獻君，君舉旅行酬；而後獻卿，卿舉旅行酬；而後獻大夫，大夫舉旅行酬；而後獻士，士舉旅行酬；而後獻庶子。俎豆、牲體、薦羞，皆有等差，所以明貴賤也。

下，堂下也。牲體，俎實。薦，脯醢也。羞，庶羞也。餘俱詳燕禮。

禮記卷四十八　聘義

冠、昏、鄉、射、燕、聘六義，蓋一人手筆。

聘禮，上公七介，侯、伯五介，子、男三介，所以明貴賤也。介紹而傳命，君子於其所尊弗敢質，敬之至也。三讓而後傳命，三讓而後入廟門，三揖而後至階，三讓而後升，所以致尊讓也。君使士迎於竟，大夫郊勞，君親拜迎於大門之內而廟受，北面拜貺，拜君命之辱，所以致敬也。敬讓也者，君子之所以相接也。故諸侯相接以敬讓，則不相侵陵。

聘，殷問也，必使上卿，故禮各下其君二等，首明介數，以例其餘也。紹，繼也。介紹而傳命，傳賓主之命也，質無文也。三讓不敢當，主君之以賓禮待己也。傳命，傳君之使命也。士迎，大夫勞，君親受，加隆也。廟受者，敬其事，故於祖廟受之也。貺，猶惠賜也。拜貺，拜聘君之貺也。拜辱，拜聘君之使命來辱也。

卿為上擯，大夫為承擯，士為紹擯。君親禮賓，賓私面、私覿、致饔餼、還圭璋、賄贈、饗食燕，所以明賓客君臣之義也。

擯，主國之君所使出接賓者。擯用命數之半，如上公則五人，侯伯四人，子男三人。五人者，三士擯；四人者，二士擯也。親禮賓，主君親以醴禮賓也。私面，私以己禮見主國之卿也。私覿，私以己禮見主國之君也。致還以下，皆主國待聘賓之禮。

故天子制諸侯，比年小聘，三年大聘，相厲以禮。使者聘而誤，主君弗親饗食也。所以愧厲之也。諸侯相厲以禮，則外不相侵，內不相陵。此天子之所以養諸侯，兵不用而諸侯自為正之具也。

小聘使大夫、士，歲相問也。大聘使卿，殷相聘也。誤，失禮也。厲同勵，勉也。愧以心言，厲以行言。

以圭璋聘，重禮也；已聘而還圭璋，此輕財而重禮之義也。諸侯相厲以輕財重禮，則民作讓矣。

財，謂璧琮。享，幣也。有聘必有享，聘用圭璋，享用璧琮。聘禮重，故還之；享禮輕，故受之。重，故圭璋特達，尊之也；輕，故璧琮加束帛以為財，親之也。重者難以報復，故用本物還之；輕者易為酬償，故更以他物贈之。此輕財重禮之義也。

主國待客，出入三積，餼客於舍，五牢之具陳於內，米三十車，禾三十車，芻薪倍禾，皆陳於外，乘禽日五雙，群介皆有餼牢，壹食再饗，燕與時賜無數，所以厚重禮也。古之用財者不能均如此，然而用財如此其厚者，言盡之於禮也。盡之於禮，則內君臣不相陵，而外不相侵。故天子制之，而諸侯務焉爾。

上公之臣出入三積，聘禮無致積，豈侯伯以下之臣不致積歟？上言致饗餼矣，此單言餼，蓋舉一端言也。五牢，飪一牢，在賓館西階；腥二牢，在東階；餼二牢，在門內之西。米設於門東，東陳；禾設於門西，西陳。薪從米，芻從禾。日五雙者，每日五雙，旬而稍致之也。厚，加厚也。重禮，謂聘禮用財不能均，言無則從其實，如國新殺禮之類，盡之於禮，雖富者不得過也。

聘射之禮，至大禮也。質明而始行事，日幾中而後禮成，非強有力者弗能行也。故強有力者，將以行禮也。酒清，人渴而不敢飲也；肉乾，人饑而不敢食也；日莫人倦，齊莊正齊，而不敢解惰。以成禮節，以正君臣，以親父子，以和長幼。此眾人之所難，而君子行之，故謂之有行；有行之謂有義，有義之謂勇敢。故所貴於勇敢者，貴其能以立義也；所貴於立義者，貴其有行也；所貴於有行者，貴其行禮也。故所貴於勇敢者，貴其敢行禮義也。故勇敢強有力者，天下無事，則用之於禮義；天下有事，則用之於戰勝。用之於戰勝則無敵，用之於禮義則順治；外無敵，內順治，此之謂盛德。故聖王之貴勇敢強有力如此也。勇敢強有力而不用之於禮義戰勝，而用之於爭鬥，則謂之亂人。刑罰行於國，所誅者亂人也。如此則民順治而國安也。

以聘射為至大禮者，邦交係國榮辱也。酒清二句，左氏傳本指饗禮言，記雖統聘禮之全，不止為賓射，但所言太無別白，而空衍複沓，亦無意義。

　　子貢問於孔子曰：「敢問君子貴玉而賤玟者何也？為玉之寡而玟之多與？」孔子曰：「非為玟之多故賤之也、玉之寡故貴之也。夫昔者君子比德於玉焉：溫潤而澤，仁也；縝密以栗，知也；廉而不劌，義也；垂之如隊，禮也；叩之其聲清越以長，其終詘然，樂也；瑕不掩瑜、瑜不掩瑕，忠也；孚尹旁達，信也；氣如白虹，天也；精神見於山川，地也；圭璋特達，德也。天下莫不貴者，道也。《詩》云：『言念君子，溫其如玉。』故君子貴之也。」

　　玟，石似玉者。縝，致也。栗，堅貌。劌，傷也。越，猶揚也。詘，絕止貌。孚，信也。尹，正也。旁達，四達有光輝外見也。言石而韞玉，其光采即外達，是信也。天者，天之純陽氣也。地者，地之純陰氣也。特達，專達也。謂朝聘以之行禮，不須幣帛為藉也。然圭璋亦以馬皮，特馬不可上堂，故皮亦不上堂耳。蓋此亦未必盡孔子之言。記因聘用玉而以論玉終之，言君子之德當如是也。

禮記卷四十九　喪服四制

四制即篇中所言恩、理、節、權也，此篇亦《小戴》所無。

凡禮之大體，體天地，法四時，則陰陽，順人情，故謂之禮。訾之者，是不知禮之所由生也。夫禮，吉凶異道，不得相干，取之陰陽也。喪有四制，變而從宜，取之四時也。有恩有理，有節有權，取之人情也。恩者仁也，理者義也，節者禮也，權者知也。仁義禮智，人道具矣。

此亦以取象為說，然恩義二制，不可云變而從宜。惟變除之節，或可取之四時，然亦難以四分限也。要之，皆為詞累。

其恩厚者，其服重；故為父斬衰三年，以恩制者也。門內之治，恩掩義；門外之治，義斷恩。資於事父以事君，而敬同，貴貴尊尊，義之大者也。故為君亦斬衰三年，以義制者也。

治猶居喪也，恩掩義。有三年之喪，君不呼其門也。門外謂公朝，義斷恩。雖有父母之喪，君喪為尤重之。貴貴如宗子，為一家之主；尊尊則一國之主也。宗子止齊衰三月，視君為殺，故略之。

三日而食，三月而沐，期而練，毀不滅性，不以死傷生也。喪不過三年，苴衰不補，墳墓不培；祥之日，鼓素琴，告民有終也；以節制者也。

大祥再期，則喪事終而吉事始矣。鼓素琴，蓋古禮有之，然非即歌以為樂也。故孔子既祥，五日彈琴不成聲，十日而成笙歌，言即吉有漸也。

資於事父以事母，而愛同。天無二日，土無二王，國無二君，家無二尊，以一治之也。故父在，為母齊衰期者，見無二尊也。杖者何也？

爵也。三日授子杖，五日授大夫杖，七日授士杖。或曰擔主；或曰輔病，婦人、童子不杖，不能病也。百官備，百物具，不言而事行者，扶而起；言而後事行者，杖而起；身自執事而後行者，面垢而已。禿者不髽，傴者不袒，跛者不踴。老病不止酒肉。凡此八者，以權制者也。

爵也者，杖之設，始於有爵之人，恩深病重，不能行之故也。擔，荷也。主，喪主也。為喪主者，亦以恩深病重，不得不荷杖以自持也。杖者以下，本用喪服傳文，然剛節為兩。或曰：便有詞累，以杖之輔病，不待言也。此婦人謂未成人者，雖亦本喪服，然詞終欠別白。扶而起者，天子、諸侯也。杖而起者，大夫、士也。面垢，庶民也。言而已，亦不杖也。八者：婦父在，為母屈，一也；婦人不杖，二也；童子不杖，三也；庶人面垢，四也；禿五，傴六，跛七，老病，八也。

始死，三日不怠，三月不解，期悲哀，三年憂——恩之殺也。聖人因殺以制節，此喪之所以三年。賢者不得過，不肖者不得不及，此喪之中庸也，王者之所常行也。《書》曰：「高宗諒闇，三年不言」，善之也；王者莫不行此禮。何以獨善之也？曰：高宗者武丁；武丁者，殷之賢王也。繼世即位而慈良於喪，當此之時，殷衰而復興，禮廢而復起，故善之。善之，故載之書中而高之，故謂之高宗。三年之喪，君不言，《書》云：「高宗諒闇，三年不言」，此之謂也。然而曰「言不文」者，謂臣下也。禮：斬衰之喪，唯而不對；齊衰之喪，對而不言；大功之喪，言而不議；緦小功之喪，議而不及樂。

不怠，哭不絕聲也。不解，不解衣而居不倦息也。諒，信也。闇，幽暗之處，即倚廬也。言高宗信能居倚廬以終喪，且三年不言也。尚書、論語俱作亮。陰，音義通也。載之書中，而高之詞亦未醇。不文，質言之也。喪事遽，不可為文飾也。

父母之喪，衰冠繩纓菅屨，三日而食粥，三月而沐，期十三月而練冠，三年而祥。比終茲三節者，仁者可以觀其愛焉，知者可以觀其理焉，強者可以觀其志焉。禮以治之，義以正之，孝子弟弟貞婦，皆可得而察焉。

父母之喪，有此三節：莫不執喪也，善此者難；莫不善始也，善終者難。有善之者，則其孝、弟、貞可知也。理，義也。察，知也。